图书在版编目（CIP）数据

甘肃土人的婚姻 / 张喆主编 ；（比）康国泰著 ；王同惠，费孝通译. -- 重庆 ：重庆出版社，2025. 7.
ISBN 978-7-229-20198-2

Ⅰ. K892.22

中国国家版本馆CIP数据核字第2025P74634号

甘肃土人的婚姻

GANSU TUREN DE HUNYIN

张 喆 主编　[比利时]康国泰 著　王同惠 费孝通 译

策划编辑:钟欣恬
责任编辑:陈劲杉　钟欣恬
责任校对:李小君
装帧设计:刘 尚

重庆出版社 出版

重庆市南岸区南滨路162号1幢　邮编:400061　http://www.cqph.com

重庆出版社有限责任公司品牌设计分公司排版
天津淘质印艺科技发展有限公司印刷
重庆出版社有限责任公司发行
全国新华书店经销

开本:787mm×1092mm　1/32　印张:9　字数:200千
2025年7月第1版　2025年7月第1次印刷
ISBN 978-7-229-20198-2

定价:59.00元

费孝通选集
（纪念版）

甘肃土人的婚姻

［比利时］康国泰 著
王同惠 费孝通 译
张 喆 主编

重庆出版社

目录

费孝通选集
（纪念版）

甘肃土人的婚姻

［比利时］康国泰 著
王同惠 费孝通 译
张 喆 主编

重庆出版社

图书在版编目（CIP）数据

甘肃土人的婚姻 / 张喆主编 ；（比）康国泰著 ；王同惠，费孝通译. -- 重庆 ：重庆出版社，2025. 7.
ISBN 978-7-229-20198-2

Ⅰ. K892.22

中国国家版本馆CIP数据核字第2025P74634号

甘肃土人的婚姻

GANSU TUREN DE HUNYIN

张 喆 主编 [比利时]康国泰 著 王同惠 费孝通 译

策划编辑：钟欣恬
责任编辑：陈劲杉 钟欣恬
责任校对：李小君
装帧设计：刘 尚

重庆出版社 出版

重庆市南岸区南滨路162号1幢 邮编：400061 http://www.cqph.com
重庆出版社有限责任公司品牌设计分公司排版
天津淘质印艺科技发展有限公司印刷
重庆出版社有限责任公司发行
全国新华书店经销

开本：787mm×1092mm 1/32 印张：9 字数：200千
2025年7月第1版 2025年7月第1次印刷
ISBN 978-7-229-20198-2

定价：59.00元

目录

中译本序言

请允许我在这本书前，记下一段有关这本译稿本身的经历，也是一段我私人的遭遇，和这本书的内容是无关的。把这段遭遇写出来作为这译本序言，似乎无此先例。但我又觉得不得不写，而且只有作为这译本的序言写下来最为适当。这一段可说是我一生悲欢离合的插曲，连我自己不敢信以为真的传奇。传奇带有虚构之意，但是这译稿的经历却是记实。

这段经历的开始应当推到六十多年前，我初入清华大学研究院的时候。在清华的两年，从一九三三年到一九三五年，可说是我一生中难得的最平静恬适的生活。

就在这“两耳不闻天下事，一心关注是骷髅”的环境里，我结识了同惠。她姓王，燕京社会学系的学生。我们在燕京同学过一年，但相隔两班。

一九三三年暑期我从燕京社会学系毕业后，考入清华研究院，专门跟史禄国老师学体质人类学。当时体质人类学是个冷门，在清华大学其实只有我一人专修过这门整天和人的骨骼打交道的学科。因之我在清华园里天地很小，“一师一徒”之外很少与人来往。我的社会生活实际上还是留在相去不远的未名湖畔。

我进清华学人类学，原是我在燕京时吴文藻老师的主意和安排。吴老师在燕京教社会学，提倡社会学中国化。他又听信几位国外来的访问教授的主张，要实现社会学中国化，应当采取人类学的实地调查方法，即所谓“田园作业”。因此吴老师一心一意要说服几个学生去学人类学。我就是被他说服的一个。

三十年代，中国大学里开设人类学这门学科的很少见。我并不知道为什么清华的社会学系在系名中加上了人类学的这个名称，为什么这个系聘请这一位俄籍教授史禄国。但是要在中国专修人类学可进清华大学的研究院，而且清华大学就在燕京大学的附近，却是事实。因此，吴老师就出力介绍我走上了这架独木桥。我在一九三三年秋季从未名湖搬入了清华园。这一搬动，现在回头看来是我这一生决定性的大事。决定了其后六十多年的人生历程。

我的学籍虽然从燕京改成了清华，但是我的社会关系实际上并没有多大改变。未名湖和清华园本来只有一箭之距。加上当时自行车早已是学生们通行的代步工具，两校之间，来往便利。这些社会和物质条件注定了我当时结识王同惠的因缘。

这段因缘也可以说是命中注定的，就是说得之偶然。因为两人相识时似乎并没有存心结下夫妻关系，打算白头偕老，也没有那种像小说或电影里常见的浪漫镜头。事后追忆，硬着要找个特点，也许可说是自始至终似乎有条看不见的线牵着，这条线是一种求知上的共同追求。当然这并不是两个书呆子碰了头，没有男女之情。如果连这点基本的人情都没有，那就成了图书馆里坐在一张工作台上的同伴了。牵住我们的那条线似乎比乡间新郎拉着新娘走向洞房的红绸更结实，生离死别都没有扯断。我和同惠原是燕京社会学系同系不同班的同学，按当时燕京的风气，同系的男女同学在各种聚会上很多接近的机会。相互来往是件寻常的事，所以我们两人起初只是普通的相识，不涉情意。记得我住入清华后的第一年，大约是一九三三年的圣诞节，我送了她一件礼物，一本新出版的关于人口问题的书。那是因为节前的一次燕京社会学系的聚会上，我和她有过一场关于人口问题的争论。我为了要说服她，借这个当时燕京通行逢节送礼的机会送了她这本书。我至今还记得这件事，因为后来我俩相熟了偶然有一次闲聊时，她曾告诉我，是这件礼物打动了她的“凡心”，觉得我这个人不平常。这个评价成了我们两人的结合剂，也就是牵引我们两人一生的这根线。

一个赏识“不平常”的人，而以此定情的人，也不可能是个平常的人。吴文藻老师在为《花蓝瑶社会组织》写的导言里有这样一段话。“我得识王同惠女士，是在民国二十三年的秋季。我的‘文化人类学’的班里。二十四年春她又上了我的‘家族制度’班。从她在班里所写的报告和论文，以及课外和我的谈话里，我发现她是一个肯用思想，而且是对于学问发生了真正兴趣的青年。等到我们接触多了之后，我更发现她不但思想超越，为学勤奋，而且在语言上又有绝对的天才，她在我班里曾译过许让神父所著的《甘肃土人的婚姻》一书（译稿在蜜月中整理完成），那时她的法文还不过有三年程度，这成绩真是可以使人惊异。”

我抄录吴老师这段话，是想用同惠在别人眼中的印象来说明她是什么样的一个人。吴老师对她的评语是“思想超越，为学勤奋，而且在语言上又有绝对的天才”。做老师的人对学生是否勤奋为学是可以在班里所写的报告和论文和课外的谈话里看得清楚。至于评语中思想超越的内涵却不易体会。吴老师只提到她“肯用思想，对学问发生了真正兴趣”。但思想上越过了什么？我捉摸了很久，想来想去，还只能她用在我身上看到的“不平常”三字还送给她自己了。不是我回敬她的，是吴老师对她的评定。

以上这段话也提到了她翻译现在我正打算发稿的这本《甘肃土人的婚姻》。吴老师以此来证明她有语言的天才。她在动手翻译这本书时“她的法文还不过三年程度”，就是说她只学了三年法文，就有能力和胆力翻译这本用法文写成的人类学调查报告了。她学习语言的能力确是超越了常人的天才，一般大学生是做不到的，何况她又不是专业学习法语的学生。翻译这本书正是她在吴老师的“文化人类学”和“家族制度”班上学习的时候，也正是她对这两门学科真正“发生了兴趣”，和她肯用思想的具体表现。

一九三四——三五年在她发现我“不平常”之后，也就是我们两人从各不相让，不怕争论的同学关系，逐步进入了穿梭往来、红门立雪、认同知己、合作翻译的亲密关系。穿梭往来和红门立雪是指我每逢休闲时刻，老是骑车到未名湖畔姊妹楼南的女生宿舍去找她相叙，即使在下雪天也愿意在女生宿舍的红色门前不觉得寒冷地等候她。她每逢假日就带了作业来清华园我的工作室里和我作伴。这时我独占着清华生物楼二楼东边的实验室作为我个人的工作室，特别幽静，可供我们边工作边谈笑。有时一起去清华附近的圆明园废墟和颐和园遨游。回想起来，这确是我一生中难得的一段心情最平服，工作最舒畅，生活最优裕，学业最有劲的时期。追念中不时感到这段生活似乎和我的一生中的基调很不调和，甚至有时觉得，似乎是我此生不应当有的一段这样无忧无虑、心无疮伤的日子。这些日子已成了一去不能复返和我一生经历不协调的插曲了。

我和同惠接触频繁后，她知道我手边正有一本已完成而还没有找到出版着落的奥格朋的《社会变迁》的译稿，她就要去阅读。我顺便建议她向图书馆借英文原本，边阅边校，作为我们两人合译本出版。她一向主张我们两人必须坚持对等原则，她告诉我她正在翻译《甘肃土人的婚姻》一书，要我同她一样边阅边校将来作合译本出版。我这时正在为清华研究院毕业时需要考试第二外国语发愁。我的法文刚入门不久，进步很慢。我就同意她对着原文，按她的译稿边学边抄，作为补习我的第二外国语的机会。有来有往，互相促进是一种对等的关系。我和同惠后来虽则已经生死相别，但精神上我们之间还是坚持了这个对等原则。她为我们共同的理想而去世，我就应对等地为我们的共同理想而生。这种信念也成了支持我一生事业的动力。

当我在一九三三年考入清华研究院时，关于研究生的学习时间在章程上并没有加以规定。所以史禄国老师为我制定了一个三期计划，每期两年，共六年。但到了一九三五年研究院作出了补充规定，修满两年就可以申请考试，考试及格可以毕业，如果成绩优秀还有享受公费留学的机会。史禄国教授经过多方面考虑，又为我出了个主意。让我修完体质人类学，共两年，就申请考试，毕业后去欧洲晋修文化人类学，但出国前要花一年时间作为实习，去国内少数民族地区进行一次实地调查。我听从他的指引，又由吴文藻老师设法接通广西省当时的领导取得去大瑶山考察的机会。

当我把史老师计划告诉同惠时，她高兴的跳了起来，立刻提出了要和我一同去广西的意见。这是她主动向我提出的。她怎么会想到这个主意，不能不联系到我们合作翻译《甘肃土人的婚姻》这本书了。在我们一起翻译这本书时，她曾经向我说过：为什么我们中国人不能自己写这样的书。可见吴老师社会学中国化的思想已经说服了她。当广西省接受我去大瑶山考察时，她情不自禁地认为这是一个实现她梦想的好机会。我当然赞成她的想法，我们两个人一起去做调查工作，对工作太有利了，因为进行社会学调查，有个女性参与有许多方便，有许多事，单是男性是不容易调查到的。我们把同行的意思告诉了吴文藻和史禄国两位老师，他们都对这个主意表示赞同和支持。但是考虑到我们两人要实现这个合作同行的计划，不能不考虑到两人如果以同学身份出行，社会上是否能认可，会不会引起非议和种种难以克服的事实上的困难，还有点怀疑。我们两人面对这个必须解决的问题，不约而同的得出了同一的答案，那就是如果我们结了婚一起走，就不会和社会习俗相抵触了。我们就这样约定了，也就这样做了。暑假一开始，我们就在未名湖畔的临湖轩举行了婚礼。这段经过就是吴老师在上述导言里所说的一段话的事实根据。他说：“她（同惠）和费孝通由志同道合的同学，进而结为终身同工的伴侣，我们都为他们欢喜，以为这种婚姻，最理想，最美满。”他又称我们为“这对能说能做的小夫妻”。这样的结合事后看来也确是“不平常”的，而且可以使师友感到“令人欢喜”的，但是我们相识只有两年，结合只有一百零八天，正如春天的露水一般，短促得令人难以忍受。天作之合，天实分之。其可奈何？

我们举行婚礼时，我的姊姊费达生特地从家乡赶来，参与主持。婚后带着我们两人到太湖鼋头渚小住。这段时间就是吴老师在《导言》中讲到这本《甘肃土人的婚姻》时，在括弧中所提到的“译稿在蜜月中整理完成”这句话里的所谓蜜月。

这本译稿确是在蜜月中完成的。但是它随后的下落，我最近苦思冥想，彻夜难眠，遍索枯肠，绞尽脑汁，还是不能肯定。我想这本译稿既不可能随着我们进瑶山，又跟我去英国，一九三八年返国后，在昆明逢轰炸，进魁阁，经李闻事件，最后还要我带着它回江苏老家。然后在一九四七年再从老家跟我回到清华。在这个想像的旅程里我几次丢失过我所有的行李，包括在瑶山测量的人体资料。所以我想来想去总觉得要带着这本译稿走这个崎岖的和惊险的旅程是不可能的。只有一种可能就是这稿本并没有和我一起走过这么长的旅程，而是在我们译完之后就留在老家，一九四七年当我重访英伦回国时曾在苏州老家住过几天，这本稿件可能在老家等着我，十二年后和我一同回北平的。

上面我说的这本译稿的经历只是我事后反复推算出来的唯一可能的经过，就是说这本译稿在我老家呆了十二年，其实在这十二年中我的老家也受到过日军的冲击，搬了几次家，这一叠不显眼的稿纸怎么会保存下来，还是一个谜。靠头脑来记忆的历史里不容易不存在些难于理解的谜案。这个谜案已无从再追究了。为追索此事，我已有一段时间每晚要在床头放着安眠药备用了。

接着这段谜案，又是一段令人难于置信的巧遇。一九四七年春季，我回到清华园，可以肯定这时这本稿件不可能不在我身边了。我是在一九五二年“院系调整”时离开清华园，调到中央民族学院的，工作岗位是民院的副院长。家住在广华寺的教职员工宿舍的南二排一号，办公室是在民院新建的一号楼二楼。一九五七年反右扩大化时我被划为右派，取消了我所有的公职，只保留了四级教授。因此我从一号楼二楼的院长办公室里被撵了出来，作为一个普通的研究室工作人员，搬到二号楼二楼四人一室的工作室里工作。我提到这一段历史，因为和这本译稿有关。

我搬进二号楼研究部正对东头楼梯的那一间四人共用的办公室里。每人有一张写字桌和一个书架。我从一号楼搬来的书稿就安放在那个指定给我用的书架上。我已记不得怎样搬的，也记不得搬了那些东西过来。在这一方小小的空间里，我工作了有九年。一九六六年九月“文化大革命”波及民院，一夜之间，我成了“黑五类”。生活上的变化来得这样突然和这样巨大是没有人能预想得到的。我在广华寺宿舍里的家被彻底抄尽了，只留了一间厨房供我自炊，厨房扩大出来的一个批间，供我搭床。我所有的书籍，稿本等等全部用大车载走，一去不复返了。

回顾这段百世难逢的劫难，也有许多一连串的巧事把我的这条生命维持了下来。这本译稿的重新发现是巧事之一。所谓巧事就是出于一个人预料的经历。我不是说从这本译稿在蜜月中完成之后怎样会留在人间是个难于猜想的谜案，它的重新发现不能说又是一个谜案，或是一件出于我意料之外的巧事。我已不记得它怎样从民院的一号楼被搬进二号楼。这次搬动同时也标识我的一次降职。我在四级教授的职位上呆了二十二年。从“文革”后期“下放干校”结束回到民院，再到我调离民院一共有八年。这八年我一直在民族二号楼工作。可是看来我一直没有去翻动过书桌边的书架。一九七九年当我被通知应当离开二号楼时，我不得不把那些存放在书架上的旧书积稿清理一下以备搬走。当我两手触到这一叠《甘肃土人的婚姻》的旧稿时，简直不能相信自己不是在梦中。我确实被这一件预想不到的发现搞昏了头脑。怎么会在这个地方这个时间这本译稿又出现在我的面前的呢？我至今还记不起什么时候又怎么会把它安放在这个书架底层的。这并不是又像这译稿怎样度过最早十二年那段经历对我是个谜，因为我从一号楼搬到二号楼是件在头脑里至今还很清楚记得的事。但是我想不起来的是搬动时手边有这份稿子，更记不得我怎样把它塞在这书架的底层。我严格地搜索我的记忆，我追问自己是不是有意把它藏在这个偏僻地方，免遭抄家的劫难？我扪心自问，我确是没有过被抄家的预见，更无意隐藏此稿。倒过来一想，如果这本译稿存放在广华寺的宿舍里，现在早已化成尘土，不知消失在天下的哪个角里了，因为我放在宿舍的书稿一九六六年已全被抄走，至今没有下落。凡是逢到没有预料的事又记不清来踪去迹的事，总是不免令人吃惊，何况又是正凝聚着我一生的心殇的这本译稿。

我在这篇回忆性的序言里不能不凭着我头脑还没有完全老化的记忆力写下关于这本译稿的经过。其中有许多我自己也弄不清楚的谜案和巧合，只能如实写下。真是大浪淘沙，惊涛拍岸，随波逝去的已经去远了，那些隐伏的，贴心的，留下了。去也好，留也好，如果要问个为什么，那只好请原谅，不必去追究了。

如果我在上面凭不完整的记忆推算出来的有关这本译稿的经历基本上是符合事实的话，它第一次重新到我手上，并带着它回到清华园的是一九四七年。过了又十年，一九五七年，这本译稿才被移置在民院二号楼研究部的集体办公室的书架底层。它在这里被遗忘地安睡到一九七八年才重新第二次回到我的手边。

说这本译稿被安放在民院二号楼研究部集体工作室书架底层是在一九五七年，那是我被错划成右派分子时开始的，过了有二十一年，我又在书架底层重新发现这本译稿，那是因为在一九七八年我的工作岗位从民族学院调到了社会科学院，不能不清理在民院二楼的老窝。这两个年头一九五七年和一九七八年在我的一生中都是值得看成是划阶段的标志。我曾把我的学术生命分成两橛，中间留着一段学术生活上的空白，从一九五七年开始到一九八〇年结束。所以一九七八年这本译稿的重见，预示了我第二次学术生命的来临。就在这一年，我调动了工作岗位并被批准去日本东京参加联合国大学举办的一次学术研讨会，我在会上曾以“破冰赖君力”一诗赠给邀我赴会的鹤见和子教授。

我在书架底下重见这本译稿时实在太激动了，说不上惊喜两字，而只能说悲从中来。我手抚这一叠面上几页已经黄脆的稿子，翻出来一看，我不仅还认得我自己的笔迹至今未变，而且还看到另外一人的笔迹，但已认不得是谁写的了，再仔细想来，不可能不是出于已去世四十三年的前妻王同惠之手。可是我竟不能用记忆来追认她的字迹了，因为我手头没有留下她写下的片纸只字。现在想来我们两人从相识到死别这两年多时间里，确是没有用书信作过思想交流的媒体，即使她留下一些字迹也早已丢失在瑶山里了。

这本译稿既然已经又回到我身边，我怎样处理它呢？当时我还没有进入第二次学术生命，因为我头上还戴着“脱帽右派”的帽子，还不敢妄想有把它出版的可能。我当时能做到的只是把这本译稿的伤痕修补完整。那是因为四十四年的岁月，它虽没有经过像它的译者一样的惊风骇浪，但究竟寒暑更易，部分纸章已磨损和破碎。我托人从图书馆里借到了许让神父的原著。但我自己的法文已遗忘殆尽，不得不央求友人补译了若干残页。我只重读了一遍译稿，没有删改一字。

重温旧稿时，我耳边似乎常出现同惠的问号：“为什么我们中国人不能自己写这样的书呢?”这个问号很可能就是驱使同惠坚持去瑶山的动力，我又怎能不受到这问号的压力和启示？我于是想，现在离开许让神父写这书时已有了一代之隔，我们至少应当有一本这一代中国人自己写的“土族婚姻”来为同惠圆梦了。我既有此意，一时就不再打算单独出版这本译稿了。为同惠圆梦应当是我自己的责任，我当时也曾想寻找个实现我圆梦的机会。

在我调离民族学院进入社会科学院时我的具体岗位是担任民族研究所的副所长。我当时的确打算重新拾起民族研究这条线，继续我的学术工作。同年八月我在东京联合国大学的学术研讨会上发表的论文题目是“对中国少数民族社会改革的体会”。这年九月我又在政协全国委员会民族组发表了“关于我国民族的识别问题”的讲话。这一系列的论文足以说明我当时的学术导向是继续民族研究。

在这里我想插一节有关许让神父（Le P. L. Schram）的话。我实在不知道同惠为什么翻译这本《甘肃土人的婚姻》。当然有可能是由于吴文藻先生在讲“文化人类学”和“家族制度”课时提到了这本书。但是这本书在当时人类学界并不能说是一本有名的著作，许让神父在人类学界也并不是个著名的学者。同惠怎么会挑这本书来翻译的呢？她没有同我说明过。这本译稿一九七八年我在书架底层重新发现时我还不知道许让神父是个什么样的人，只在该书的附注中常见到引用史禄国老师的著作，估计他们之间可能是有联系的，因为我在清华念书时就知道史禄国老师在北平城里有一批常在辅仁大学会面的欧洲学者，其中有些是天主教的神父，但是否包括许让神父我并不清楚。

直到一九九〇年我才从《西北民族研究》读到房建昌先生的一篇关于土族白虎祭的文章才得知许让神父的简历。据该文引芊一之的《青海民族入门》中的一段说，许让神父是比利时籍，中文名康国泰。一九一〇年由甘肃甘北传教区派到西宁传教。在南大街修建宽敞的天主堂。一九三二年由上海徐家汇天主堂出版《甘肃土人的婚姻》。后来在美国费城出版《甘肃边境的土族》三大册，包括《土族的起源、历史及社会组织》，一九五四年；《土族的宗教生活》，一九五七年；《土族族谱》，一九六一年。上引文还说："康国泰上引书卷序言自称：一九一一——二二年他在西宁地区传教；对土族最感兴趣。他于一九〇九年（宣统元年）抵达甘肃省（一九二八年，青海建省），一九一一年抵西宁，被派至塔尔寺学了半年藏语，后被派至碾伯（包括今乐都、民和）分教区——传教点，继续学了四年藏语，在传教过程中，他觉得土族比藏族更引起他的兴趣。”

许让神父为什么觉得土族比藏族更能引起他的兴趣？我至今没有机会看到他的三大册关于土族的巨著，所以还不能答复这个问题。但是在一九五七年前我从民族研究的实践中也曾看中过土族在内的处于甘肃、青海到四川西部的那一条民族走廊里的一些人数不多的小民族。这条民族走廊正处在青藏高原东麓和横断山脉及中部平原之间的那一条从甘肃西北部沿祁连山脉向南延伸到沿甘肃边界和四川北部的狭长地带。在这里居住着一连串人数较少的民族；如裕固族、保安族、土族、东乡族、撒拉族以及羌族等。他们夹在汉族、藏族、蒙古族和回族等人数较多的大民族之间，他们的语言、宗教和生活方式都各自具有其特点，同时又和上述的较大民族有密切的联系。我曾设想过如果“从历史上，从现在的语言、体质、文物、社会结构、风俗习惯、神话、传说等等，综合起来，进行考察……可以解决很多问题，诸

如民族的形成、接触、融合、变化等。”（《民族研究论文集》，300页）

我在进行民族识别工作时遇到过许多难题，不少是发生在这一类的民族走廊里。这里可以举一个例子，在四川省西北部平武、松潘一带，有一小民族现在被称为“白马藏族”。解放初，他们选派了一位代表上北京，是个老大娘。国家领导人接见代表们，问她是什么族？老大娘很紧张，话也说不上来，旁人就替她说，是藏族。她随着点头称是。后来这个镜头上了银幕，而且介绍词上称这个老大娘作藏族。这部电影传到这个民族，观众很有意见，说他们和藏族不一样，语言不同，服饰不同，也不信喇嘛教。于是提出了识别问题。有人专门去调查，认为白马人和拉萨的藏族确是有许多差别，但和藏族中的嘉戎人却相当接近，这个族别问题至今没有定论。看来这一部分人可能是原来的土著民族，夹在藏族、彝族、汉族之间，受到外来的影响很深。

在民族识别工作中，我碰着不少同样性质的难题，因之觉得这些地区的民族研究大有可为。可是我当时想继续做民族研究的愿望却并不能顺利实现，因为一九七九年社会科学院授命恢复社会学。社会学命运多舛，一九五二年高等院系调整时各大学的社会学系被取消了。一九五七年由于有些社会学者想效法苏联恢复社会学在学术上的地位，都被认为反党反社会主义，许多社会学者被划成了右派，受到人身打击。直到“文革”结束，一九七八年党的领导才决定替社会学恢复地位并要求“补课”，就是要在大学里恢复社会学系。可是经过这场浩劫，过去学过社会学的人留在人间的已经不多，即使能挨到这时的大多已年老了。我那时刚调入社会科学院不久，这个重建社会学的任务，就落到了我的头上。我推脱不了。刚刚将要开始的第二次学术生命又被拉出了民族研究的这条轨道。幸亏民族学和社会学在我的思想中一直是不加区别的。只是研究的具体对象不同，民族学也可以包括在人类学范围之内，人类学和社会学原是通家之好，名称虽然不同，实质是可以汇通的。我的岗位工作名义上已由民族研究所调进社会学研究所，由副所长改为所长。这一变动使我为同惠圆梦之想不得不推后了。一九八五年我才离开社会科学院，在政协和人大的支持下专心到各地去实地考察农村经济发展的问题，走一趟，写一篇地编写我的《行行重行行》，一直到目前。该书续集即将出版。

《行行重行行》的主题是乡镇发展，包括农村，小城镇因乡镇企业的异军突起而带来的经济和社会的变化。一九八四年我的考察地区开始从东部沿海各省转移到边区，从内蒙古自治区延伸到甘肃。从一九八七年开始到目前我已“八访甘肃”，因此我又有机会进入我在上面所提到的西北地区的那条夹在藏汉之间的民族走廊了。我自然不会忘却为同惠圆梦之志。所以我在这多次西北考察中，历访了裕固族、撒拉族、保安族和东乡族。限于具体条件，我在这些民族地区停留的时间都不长，但是我确是亲历其地，多了些感性知识，同时产生了许多想法，也可以说我把同惠的梦做大了。我不只想由中国人自己来写几本关于这些民族的书了。我却被怎样发展这片民族地区的问题占住了我的怀抱。我认识到这地区的民族研究不但大有可为，可以写出许多民族研究的重要著作来，而更重要的是我看到了居住在这片广阔的土地上的许多少数民族怎样在下个世纪里能发展成现代民族，和其他民族一样平等地站在这个地球上的问题。

同惠的梦带出了我八访甘肃，亲自穿行了祁连山麓的民族走廊。这个走廊在经济上正是牧业和农业接触与过渡地带。现在青海的海东和甘肃的临夏，在历史上正是明代以茶马贸易中心著名的河州故地。在当时当地我就产生了个梦想，在这里是否可以恢复它作为现代的农牧贸易的基地？我约了甘青两省的领导会商，取得了共识，并经中央批准由这两地联合建立一个经济协作区。

这个建议是我对开发西部民族地区的大梦想的前奏。随后我经过多次访问内蒙古和宁夏两个民族自治区后，一九八八年又提出了建立黄河上游多民族经济开发区的建议，把原有的梦拓大了一圈。建议也得到了两省两区领导和中央的支持。目的是利用黄河上游的落差发电供应两岸发展工农业所需的能源，为开发西部广大多民族地区建立一系列经济中心。

我在开国后不久就申请过参加去西藏的中央访问团，但因我从小患有喘病，得不到医生的批准，直到如今还没有机会攀登西藏高原。但是我心里一直存在着怎样开发西藏的问题。经过访问了甘青间的民族走廊后，结合历史资料的启发，我提出了从藏区的外围入手向中心推进的“两南兴藏”的意见。两南是指甘肃南部的甘南和西部的肃南。甘南历来是藏族文化中心的拉卜楞寺所在地，肃南是裕固族的主要基地，近年来是获得优秀成绩的牧业改良试验区。这两南正是历史上藏族文化辐射有成效的边区。现在可以“反弹琵琶”在文化及经济上对藏族的中心地区发生现代化的反馈作用。自从亚欧大陆桥畅通以后，我又发生了恢复早年丝绸之路的梦想，并提出了利用甘肃河西走廊已经建立的若干开发区为基础，大力发展成一条振兴西部的工商业走廊。这个走廊北联内蒙古，南通青藏，西出阳关就是包括若干民族在内的新疆维吾尔自治区。我想到这样广大和多民族的西部地区没有一个强有力的工业中心是难于开发起来的，而且河西走廊正是自汉朝以来中华文化向西拓展的基地，去过敦煌的人不会不对当年经济文化的高度发展留下深刻的印象。

我对中国西部的前景满怀信心，同时也认识到中国西部是一个多民族地区，不从大力发展民族地区入手，中国西部发展是难于实现的。要发展这个民族分散在各处的多民族地区，必须有一个以河西走廊为工商业的中心基地，才能把四围的腹地带动起来。以上是我从同惠的遗梦中扩大出来的那一个开发中国西部的大梦。人生几何，我深知这个大梦在我这一生中是不可能实现的，但是既有此梦，我想也不妨留一笔在这篇序里，作为纪念同惠的一片心意，也是合乎我们两人对等原则的又一个例子。

我们两人都是属于善于做梦的人，我们所做的梦基本上又是相类同的。为了要实现中国西部的现代化，我就以她的梦为基础，主张要我们中国人自己去为西部许多民族的经济文化写出一系列像《甘肃土人的婚姻》一样的书。可是我的体力在时间的消逝中也日益衰弱了，这是无法挽回的。要我自己去圆同惠的梦，事实上已经力不从心了。因之，我只有把这心愿以接力棒的方式传递给下一代的后继者了。一九八五年我在北大建议成立了一个社会学人类学研究所，目的就是在培养学术上的接班人。一九九二年我把去土族地区调查的心愿交给这个研究所。所里的潘乃谷和高丙中两位同志表示愿意在我手中收下这根接力棒，当年就到青海互助土族自治县、一九九四年又到民和回族自治县的土族地区进行了实地调查，写出调查报告。

我原来打算用出版这本译稿作为同惠逝世六十周年的纪念，但是杂务一拖，没有能在一九九五年送出去出版。到了一九九七年，我抓紧完成了这本译稿最后的整理工作，并找到了愿意出版这本译稿的出版社，了却了我的一桩心事。我这篇别具一格的序文，也是在繁杂的事务里，挤出时间分段陆续写成的，言有不尽，尚冀读者谅察。如果这篇序包含的意思会化成一把可散播出去的种子，又可巧无意中落入一些乐于培植的心田，说不定今后的日子里会长出美丽的花朵。如果竟成为事实，那也是我身后的事了。但愿此前景有一天成为事实，“家祭毋忘告乃翁”。

一九九七年三月十九日于北京北太平庄

导言

这是一本关于甘肃土人的婚姻的研究。这里所论的土人是住在西宁河的北面，属于西宁府平番县（即连城旗）。[①]

我们希望继续这书，关于土人的历史、宗教生活、社会及政治各项的研究能一一出版。关于土人历史的材料，我们是根据中国的通史、甘肃的地方志和土人中有力团体的家谱，大约有五百年的历史，关于他们民族学的材料，我们是根据居住在土人中十年来所有的记录。

这里所论的土人，很可能是突厥（Turgue）人种的

①西宁现属青海，所谓甘肃土人是依旧界的划分。——译者注

一支，此外，无疑的，是属于蒙古种。早期的李土司族说是出自沙陀[1]，在唐代（六二〇——九〇五年）移入该地；西宁的地方志亦作是说。后来移入该地的，大约在元（一二八〇——一三六八年）明（一三六八——一六四四年）之际。

这两部分人民现在是说一种语言，他们称作蒙兀儿(Monguor)。这语言是很古的；有类于十三、十四世纪时的蒙古语。关于土人的语言，A. Mostaert 和 De Smedt，有一文 Le dialecte monguor, parlé par les Mongols du Kau-sou occidental，见于 Anthropos XXIV-V. 附有文法和字典。

①Serindia. Aur Stein，2 卷 1129 页：九三八年从 Khotan 出发的中国使者 Kao-Chuhui 记述旅行这边境时说：甘州是 Hui-ho（回纥，Uigurs）游牧之所。西宁南百里的山岭（是土人所居，约有四天路程到甘州）在汉时是一种古代人民（称为 Yueh-chih）所占据。这种人和沙陀人不同。他们被认为 Yueh-chih 人的后裔（可能如此）。Rémusat，Ville de Khotan；Chavaures，Turcs Occidentaux：这里所提到的和 Kao-chu-hui 相关的沙陀人是西突厥的一部落，最初住在 Barkoul 之东，公元八〇八年之后移居于甘肃的北部边界，为的是要免受侵略。

我们所说沙陀，现在亦算蒙古人了，这是讨论关于人种及语言的问题时应当考虑到的。

土人虽属中国，但是由他们自己族里的首领所统治，他们的自治是由中国所认可的，称作土司。民国初立，反对设置这种自治的行政区，对土人视作普通的中国人，直接归中国政府管辖。

土人的风俗虽极受它邻居汉人和近亲西藏人的影响，但还保持着它的原形。它们还可以表示许多古代社会组织和游牧生活的秘密。

本书中所记述的谈话是由一个当地时常主持婚礼的主仪人所供给的材料。其实土人们多少都会说些汉语，这可以解释为什么他们用这种语言，和在婚姻仪式中有许多汉族的俗语。本书所有关于语言学上的注解大部是由A. Mostaert和De Smedt所供给的。蒙兀儿语记音所用符号亦是依照上述的二位教士，亦就是Anthropos杂志所公用的（V. Anthr. XXIV–V），但曾加以简化。汉字的记音是用Variétés所采取的罗马记音法。

土人一词是西宁汉人用以称该地方归土司所管辖的说蒙兀儿话的本地人。这个词的意思就是本土的人。

虽则这里所论的人民，不能决定他们以前所住的地方，我们却想用这不很正确的名词，因为这是地方上公用的，而且是用来专指这一种人的。所以土人一词是一种民族的名称。这地方上的西藏人、蒙古人、萨拉人（Salars）在西宁住民看来都不是土人。而且凉州及兰州的地方志都用这名词来指这种人的。

小引

1　婚姻一般的需要

2　男性后嗣的需要

要了解这书，有两点似乎是需要加以说明的。很明显，若一个人要批评一张图，他不能在晚上烛光下去看，而是要在白天，在作者所愿意有的光线下去欣赏；他一定要寻找一正确的地位，像作者所愿意安放的，来观察，这样才能明白这作品。

来研究土人的婚姻时，东西文化的理解不同，很容易不在正确的光线下来观察这许多事实。

这些人民的风俗习惯只有在他们现有的和古代的共同理解和哲学中去寻求解释。他们的哲学不论是好是坏，我们不必在此加以批评，但是我们可以藉此了解种种所看见的事实。对具有不同理解的观察者说来，同样的事实有人看了觉得很合理，另一人看来却是很可笑而很可怕的。

1　婚姻一般的需要

在欧洲人中，对于一个没有结婚的人是不觉得奇怪的；他们在公事房中，在会场上，在宴会里对于独身者的参加并不惊异的，对于他们的认识，并不因独身而改变的；虽则我们觉得这一种情形是反常的，但是我们可以在宗教原则之外找到充足的理由的，即使不足以为独身张目，亦足以原谅这辈人。

在土人中这种情形是没有的。每一个土人，除了宗教徒、喇嘛之外，都是要结婚的，除非身体上有缺陷。

在土人表示客气时就得问诸位令郎是否都已经结了亲；为了要满足结婚的条约，他们竟有把财产、土地、房屋、牲畜出卖，忍受很苦的生活；在父母死后，分家产时，已婚的长兄一定要给未婚的留下一笔结婚费用；父母在临终时，若是儿子都已结了婚，就觉得十分安慰。他们不惜贫苦也要结婚，所以要想尽方法来达到这结婚的目的，依我们看来至少也要详细的加以考虑才是。这一种决断似乎是很不合理的，但是苟其一考他们的理解，就可以明白土人为了婚姻是什么都可以让步，都可以牺牲的。

婚姻在土人中是一生中的大事，超越其他一切的事。一个人若不结婚就不算是好人；他们认为一个人应当依着自然规律生活，这就是说，应当结婚，生孩子。

有一天，作者有一个熟人被请去和村中的长老一同审判一个不名一文的青年和一个有钱的女子私奔的案子，逃了三年给人捉了回来，已经生了一个孩子。

那青年跪着，反捆着手，向审判官讨饶，全村都聚着。他说，因为他太穷，将一生结不起婚，并允应做种种事，以尽丈夫的责任。“我的确对不起女家的父母，但愿意尽力补报他们。”那女孩子也讨饶说，“我希望有一个较好的丈夫，但是我自愿屈就嫁这个青年，如果我不跟他，他就永远不能娶妻了……”

经了一度重要的会议，这一对私奔的受了罚，审判官们设法赔偿这受损的女家，同时肯定这一对男女成为合法的夫妻。

审判官向全村和原告说的理由使我认为十分有意思。他们说，这青年不守自己一族的风俗，他损害女方的家庭，他的错处很大。在审判官的发言中，我们听到关于婚姻的需要，和对这种逃亡的谴责。但结果，因为婚姻的十分重要性，他们饶赦了他。至于女子方面，他们责备她不服从父母，不敬重他们的权利，但认可她有勇气给那个青年一个结婚的机会，因为结婚是一种权利。

我们并不能接受这类理由。作者曾把这意思告诉那位熟人，他向作者解释说，这是一对爱人常有的历史。他确知一个青年想结婚比想一切都利害，可是太穷困，不得不和那女孩子一同私奔了，这是合乎情理的。至于那女孩子，则认为她很勇敢。他所讲的理由和审判官是相同的。作者看那位朋友的想法也是这样的。

解决这事的办法也许东方和西方可以是相同的，就是说，使他们结成合法的夫妻；但是两方的动机却不一样。

这事实对于作者极有启发。以后作者还要一次次地思考它。这使作者明了土人一般对于婚姻需要的迫切心理。

2　男性后嗣的需要

土人还有一种心理就是热烈地希望自己生孩子，尤其是男性的孩子。

在欧洲，一家没有孩子，或只有女孩子，并不足以认为是奇怪的。在土人中，没有孩子被认为是最大的不幸。东方人认真地坚守着这规律："matrimonii finis primarius est procreatio atque educatio prolis."生个孩子是东方人的梦想。他们可以忍受贫穷，但是没有孩子是无法自慰的。丈夫或妻子死了倒可以忘得了，膝下无子会使他们念念不忘。没有孩子的事，他们视作是祖宗造孽，上天的报应。他们不惜花费去做善事和烧香许愿，想有一天能生一个男孩子。头生孩子落地后，他们要大大地设筵请客，全村的人都来参加。土人的妇女最大的幸福就是儿子多；我们看到土人这种情形，无疑会想到Gracques的罗马妇女介绍自己儿子给朋友时说："这是我的宝贝。"乞丐要饭时很少得不到人家的照顾，因为人家怕他们咒骂他"绝子绝孙"。这是一种普通骂人的话。乞丐得了东西后就谢着祝他们多子多孙。

这种心理给婚姻的风俗的影响很大。若是一个妻子不生育，或不生男孩，很自然地要使她丈夫娶二房及三房。所有的土人，即使是很规矩老实的，若是能力所及，都会这样要求的。他并不因之失去人家的尊敬，就是最虔诚信教的人，也会这样劝他娶妾的。若是丈夫娶了妾，而妻子却生了孩子，他们并不觉得讨厌，因为儿子愈多愈好。

作者常记得和一位土人朋友关于多妻问题的讨论。作者并不能说动他，他并不明白作者的意思。有儿子的幸福在他们是一种最高的尊荣，可以和因多妻而引起家庭间的痛苦相抵消的。异母兄弟教育上的害处，在他们看来不算什么，比了有子孙的幸福差得太远了。这种心理的来源已经很久远了。土人们是继承着他们的祖先，像宗教一般的保存着这种心理，已经有几百年了。我们不必奇怪，有许多习惯在我们看来是不能接受的，甚至是可怕的，而在土人看来是很合理而且讲得通的。

以下，我们将叙述这一种人的婚姻风俗，在他们看来婚姻是必需的，而且由婚姻中要得男性的后嗣。

本书的分章

婚姻是一男一女合法的结合。但是女孩子在土人中是她父母的财产，谁要娶他们的女儿就得给他们赔偿。

赔偿有两种方式，或是出钱买或是用入籍和服务来换取。

寡妇的再婚，到现在还通行，是出于一种古代抢亲的方式，可以归在买卖婚姻一类中，因为抢得了寡妇，还得付一笔价钱。我们将依下列次序，逐一讨论。

Ⅰ　买卖式婚姻；

Ⅱ　由服务或入籍以获得的婚姻；

Ⅲ　变态的婚姻；

IV　离婚，休妻，易妻；

V　媳妇的私逃；

VI　母权制度。

第一章　买卖式婚姻

现在甘肃土人中普通的婚姻方式，是由男子购买他的妻子。婚姻的型式大别有三种，每种都有它特具的礼俗和规则：

A　初婚

B　再醮

C　再娶或多妻

A 初婚

提要

1 婚姻的两造 2 未婚夫妇的社会地位 3 订婚的年龄 4 订婚的方式 5 姑娘的价格及订婚礼物的磋商 6 送给未婚妻的礼物 7 结婚的年龄
8 规定结婚的日期；商议最后的安排 9 接受礼物和宴请客人 10 没有仪式的结婚 11 女家的离别宴
12 亲迎 13 新娘进门 14 女家送给男家的礼物
15 结婚 16 新娘的开口 17 筵席 18 男家送女家的礼物 19 客人的散去 20 婚后的拜访 21 新夫妇和女家的关系

1 婚姻的两造

男子们有能力娶妻时，就要找一个年轻的姑娘做他的妻子，那是很自然的，而且这也几乎是必需的。在结婚时他们自己也常是正在年轻的时候。普通的结合都是在年轻的男女间。这里第一个问题是谁和谁结婚。

甘肃土人的婚姻规则是很简单的。凡是结婚的两造不能属于同姓，所以他们不能出自同一家属的人。这种规则并没有例外。在汉人及突厥蒙古（turco-mongols）人中亦有同样的规则。

土人们以为在古时凡属于同一土司的，都是同姓。同姓的酋长和人民同组成一个氏族。这是很可能而且也许确是如此的，因为在和甘肃土人种族上极密切相关的蒙古人中，凡是属于同一氏族的都是同姓。[①]不过现在

---

①Vladimirtsov 教授著《成吉思汗传》(*The Life of Ghingis Khan*)，5 页：虽在两族恶劣的关系中，弱小部落采用强大邻族名称的风俗曾发现于高加索(Caucasus)、阿尔泰(Altai)及现代的蒙古。

当十二世纪鞑靼部落强大而繁盛时其他蒙古氏族常自己承认鞑靼的名称；以致他们自己本来的名称，除了最近的邻族外，都不知道了。

64 页：自 Temuchin 克服蒙古诸部落后，成吉思汗于一二〇六年宣称裔出 Ouou。Borjigin 族曾有一次恢复蒙古名称的光荣，所以该族的人民自此均自认为蒙古人。现在隶属于蒙古族的 Nayans，Bagaturs，Beks 及 Tegins 都接受蒙古的名称。这许多联合的部落一旦有了一个共同的名称，而这名称日渐光荣，使一切游牧人民都以被称为蒙古人而自骄。

在甘肃的土人中有同样的风俗。在卓泥子地方的杨土司中有百余家迁居属于李土司的水磨沟，因而改姓为杨，受李土司管辖。

Koukounor（西宁）地区的三个蒙古人

中立的青年是一部落的酋长，胸前挂一佛教徒的纪念品。

甘肃土人并不是这样了，属于同一土司的家族，并不一定是同姓。在古时，同姓不婚等于同部落或同氏族内的人不许通婚。我们称这种限制为外婚制的规则。因为同姓和同族是相等的，所以外婚制不但只是以家族为范围，而且是包括氏族说的。不过这是以前的情形，现在外婚制的规则则只限于家族的范围之内了。

土人关于姓的概念和家族的概念是相等的。凡是不同姓的，即使他们是出于同一祖先，亦不认作一家人。这种概念所引起的结果是：女子出嫁后要姓丈夫的姓，离开自己的家，不再算自己家里的人了；死了亦不能葬在自家的坟地里。她们的子女姓丈夫的姓，对于他母亲的家算作外人。因为这两家的孩子们并不是同姓，所以也不受外婚规则的限制，他们可以通婚。因之我们常见姑舅表亲间男女的结合。在蒙古人中也有同样的情形。

在汉人中我们也亦见到了相似的风俗，虽然在他们间“异姓，异族”的原则并不十分严格遵守。我们常见姑表兄弟和舅表姊妹间的结合，但是反过来姑表姊妹和舅表兄弟间则不然。

土人中还有一种常见的婚姻，就是姨表间的结合。两姊妹嫁给不同姓的丈夫，她们的子女自然可以通婚了。在汉人中也有同样的情形。

现在土人中还有一种结婚的型式，就是妇女的交换。A家可以把他们的女子送给B家的男子为妻，同时B家也把他们的女子送给A家的男子。这种情形在汉人及蒙古人、满洲人中亦是常见的。①

姑表姊妹如果嫁给舅表兄弟时，这种结合称为“倒亲”，意思是说嫁回来，也就是“从前你们把母亲给我

---

①史禄国教授(Prof. Shirokogoroff)的《满洲社会组织》(*Social Organization of the Manchus*, Shanghai, 1924)一书中有一节可以给我们很好的参考:满洲人并不以他们的姓为一个民族名称(ethnical name),只是一个集合许多“民族团体”而成的政治团体的名称(包括蒙古人及其他)。(168页)a. Klaproth曾谓满洲语言是通古斯及蒙古语言的混合体,而且受Turkic语很大的影响。b.他并且指出与高丽、通古斯及蒙古等族的交通和同化。c.从体质上作者亦见其混合的性质,所谓“蒙古种”只是一种出于旅行家肤浅观察的虚构。(11页)满洲人自己承认他们有三种团体:1)古满洲人,2)新满洲人,3)蒙古满洲人,关于满洲人我们以后还要讨论。虽则甘肃和满洲相距很远,虽则甘肃土人和满洲人并没有什么关系,但是我们可以见到有很多风俗两地是完全相同的。二者所经不同的历史,所受不同邻族的影响,很多地方足以互相比较,用以明了它们的变异和演化。

“(在满洲人中)直到现在,交换妇女是得到妻子的一种办法。有几个通古斯的团体中这是唯一可行的办法。”(史禄国,69页)

们了，现在我们把她的女儿给你们的儿子”的意思[①]，但是汉人却不是这样，他们大半不喜欢倒亲的。至于把自己的女儿嫁给她姑母的儿子的情形，则在汉人及土人中都有。这就是说“侄女跟姑姑”。

但是我们并不能由此就下结论说，现在这些土人的婚姻还是代代都是照例的必须在几个一定的家族中来配

①“在满洲人中有一种特别的婚姻型式，他们称为‘tarsilambi’，就是‘我和我的tarsi结婚’，tarsi是我父亲的姊妹的女儿。这种型式是不常实行的，因为这种结合，据满洲人的见解，要把自己骨肉作亲家，会引起不良的结果。tarsi一称谓是指我父族的女长辈的女儿和我母族长一辈者的女儿。若我们承认满洲人以前是采用母系制的，则此种称谓分类及特有的婚姻权利便都容易明了了。”（史禄国，70页）

以此种习俗视作出于母系制度，虽属可疑（因为在父系组织中也可以见到同样的习俗），但确表示一种极重要的社会状况，我们后面还要讨论。

在研究甘肃土人之前，作者曾到西宁地方去，遇见一位双牛沟（地属连城）的老人，他同我说，依一古代的传说，该地的土人是从云南及贵州来的，因为那时在西宁地方和西藏开过仗。Anthropos杂志上有过一篇关于苗民的文字，引起了我对于这传说的兴趣。我们在这里所研究的甘肃土人从历史上论并不是出源于云南和贵州，但是据《华夷译语》（A. Mostaert所注）我们知道被明洪武帝所征服的蒙古人曾在中国的西南打过仗。所以在甘肃土人中，曾有那在云南打过仗的蒙古人的后裔。这是可以用来解释上述传说的。我们将在甘肃土人的历史中讨论这问题。

P.Wihelm Koppers曾发表“Tungusen und Miao, ein Beitrag zur Frage der Komplexitaet der altchinesiochen Kultur”——于Mitt. d. anthrop. Ges. Wien Lx 1930, 306-316, “Die Frage des Mutterrechtes und des Totemismudim alten China”, Anthropos, 1930, 981页。但关于苗民的问题更需要详细的研究。

合；我们亦不能因此推论在一个家庭里所娶的媳妇都是表姊妹，亦不能说他们绝不与没有亲戚关系的外族通婚，这些情形只限于古时罢了，事实上，现在表亲婚姻还是很多。因为一个家族可以用这种婚姻型式多至五六次，普通他们找配偶时也大半是限于一定的范围之内，所以由父母亲属中结成的配偶自然为数要较在绝对不相识的家庭中多了。

这种风俗也有它重要之点。为什么大家对于有多年姻亲关系的配偶表示赞成呢？这是一种古旧而普遍的风俗。为什么倒亲在土人中又视作神圣的呢？为什么当自己兄弟为他们的儿子们向姊妹讨女儿时，她们不能拒绝呢？为什么？没有人能回答。为什么婚姻总限于一定几家的范围之内呢？为什么在结婚那天男家一定要请女家的主婚人说几句传统的话的风俗，是这样普遍而且悠久呢？虽然两家根本不相识的，为什么也是这样，同样的要自以为有很长久的姻亲关系，而这次婚姻只是重结旧好呢?

为了要明了这种习俗，我们能不记得这些土人在古时是些游牧的人民吗？他们曾住在中亚极高的山坡上，为了怕被别个更强的民族的侵略和消灭，他们岂不愿意在近处找一个和他们生活相同的团体来帮他们的忙吗?除了通婚以外，又有什么方法能使他们和这些助手的关系更稳固更长久呢?

事实上，这两个团体时常交换男女用以为质。还有什么结盟方法比较通婚更自然呢？当我们读蒙古史时，就发现某族的男子常娶某族的女子为妻，就由这种通婚里取得和平。他们协约的保障就是通婚。这在游牧时期可说是最经济最有效的方法了。在古时，婚姻一事并不只是造成一个家庭，并且时常用以联络双方的团体和民族。

在这种观念的范围里，我们对于倒亲势力的巨大和神圣，便很容易给予一种解释了。同样的，我们可因此明了姻亲团体间男女青年通婚的风俗了。我们可以明白这种通婚方法在游牧民族中是必需的。不过当一个肢体对于全身失去效用时，它的消失是很慢的，同时它消失的原因，我们也不常清楚。同样的，一种风俗对于经济状况失去效用时，其消失也是很慢而且不常被人理会的。①

我们可以这样结论说，依我们实际所见，由于内婚制的兴起，外婚制的规则，已渐失势了，不过在今日的土人中，姑表婚姻的例子还是很多。②

---

①Vladimirtsov, *The Life of Ghingis Khan*, 10页：蒙古部落组织是包含着外婚制的，就是说，凡属于某氏族的男子必须娶异族的女子……因为劫掠妇女而引起的争斗、战事时常发生（作者亲见Yesugei-Begatur一案）……一种解决的办法就是订立互相交换妇女的条件。凡订立这种条件的两氏族互称“kuda”。kuda一字亦见于Monguors方言中，为“goda”，如其他蒙古方言。但在Monguors人中，此字最先失去它的意义。自此以后，两族互换妇女的风俗，亦不复存在了。现在“goda”一字的意义，是指已订婚的男女两方的家属。

②我并不以为必须以图腾制来解释甘肃土人所通行的外婚制规则。事实上，游牧人民的生活已足够解释了；其次外婚制不一定是有图腾性质的，三则事实尚没有证明蒙古人中有图腾的存在。在讨论土人的宗教时，我们将提出两件对于这问题值得注意的事实来：播种后所举行的宴会中的树杆及青春的两次宴会。

当土人替他们的子女办婚事时，至少在现在，他们是要顾到双方辈分的。所以一个外甥不能同他的姨母结婚，一个舅舅不能同他的外甥女结婚。普通，男女两造的辈分总是相同的。

这种规定在汉人中也很严紧。不过土人关于“叔接嫂”的风俗并不似汉人那样严。当地汉人中，弟死兄常娶弟媳为妻，但却不能倒过来。

土人若和汉人的女子结婚，就要被族中的长者所责骂，因为他们认为这是他们民族分解的一个原动力。不过现在这种婚姻逐渐多了，特别是族中的首领立出了榜样之后。这种婚姻会促进土人被汉人的同化。

土人常把女儿嫁给西藏人。西藏的半游牧人民是他们的近邻。喜欢娶他们的女子的原因，似乎是为了她们的生殖力强，这是名闻全区的。并且土人的女子也特别

土人年轻妇女嫁给一西藏人的家庭

骑在那盛装的马上的是她的公公，手里抱着孩子的是她的婆婆。
全体都穿西藏服装。

容易适应西藏人的文化。①

土人也最反对邻家男女成亲，他们常说汉人的一句

①在满洲人中，关于婚姻两造的规则较之甘肃土人更为复杂。Shirokogoroff，上引书，65页以下："一妇女能和一男子结婚的有三种限制：1.绝对的限制，不准逾规的，例如同氏族间不准通婚。"这个规则史氏解释如下："普通的禁律就是同属一'Mokun'者通婚。"Mokun是氏族中的两个团体，五代以上不同祖，互相通婚的外婚单位，各有各的神名、礼节和萨满。2.特定的限制，例如与有关系的氏族或宗教团体的妇女不宜通婚。3.偶然的限制，例如寡妇和鳏夫等。

俗话：“一院不作两家，对门不娶亲家。”这就是说，在一个院子里不要住两家人，不要和对门的邻舍通婚，意思就是要避免将来因之所发生的麻烦。

2　未婚夫妇的社会地位

汉人中的两性隔离，在土人中，无论在婚前或婚后，都不存在。我们可以观察一下婚前未婚夫妇的生活。土人中的婚姻并不是出于两造的情愿，而是根据一种神圣的目的而结合的。在结合之前并没有所谓爱情。未来的婚姻对象也不是互相认识之后自己选择的。依他们的风俗，未婚的对象在婚前并没有关系，而且在可能范围内，他们愈疏远愈好。

我们是在东方。父母对子女的婚事具有全权。他们并不以婚姻为子女个人的事。现在他们把婚姻当做一家的事，就像过去将婚姻当做一团体一社会的事一样。

在现在的土人中，子女婚事所注重的自然全家普遍的利益超过子女个人的特殊利益，完全和在古时，当他们的家庭尚住在氏族里，全族的利益较一家的利益为重一样。

目前土人们还没有进化到把自己的利益看得重于全家利益的地步。子女的婚姻完全由父母决定，为子女的觉得这种习俗是很合理的，同时用了一种顺命的态度来接受这决定，所以结果时常弄得很悲惨。

已到很大年龄的处女还没有订婚的例子至少是很少见的。有时也会因特殊情形而把个人青春耽误了的。这时候她若得到结婚机会，为父母的自然要迁就些了，只要不损害一家，特别是丈母娘的利益就可以了。但是这种情形是不常有的，因为在她们自己有能力选择对象时，父母早已为她们订下婚了。

3 订婚的年龄

订婚很少是在青年们已经明白了这件事的重要性，

而能够自己选择对象时举行的。没有人会想到等待子女自己去做这件事，因为这是父母的事，不是子女的事。但是也有例外，譬如婚姻的一造在将结婚时死去了，或是起初很穷，无力娶妻，后来家道兴旺了。不过这些情况都是不常有的。

普通的规矩，都是在儿子很小的时候，大约有三四岁，为父母的便去替他说定一门亲事。指腹为婚也是常有的。若生下来两个小孩是一男一女，就当着庙会宴时在众人之前提出这门亲事来，一样也要按着应有的仪式去解决。①

我们可以说普通未婚夫妇的年龄相差不远。除了上述指腹为婚的情形外，普通未婚妻总比未婚夫大一两岁。但是相差很远的例如未婚妻已有十七岁而未婚夫才十岁或十一岁的例子也不少。这种结合是很痛苦的，大

①Shirokogoroff，72页：婚事是可以在生前说定的。假使生下来不是一男一女，那么他们等第二胎。满洲人以为这是很古时传下来的习俗。

半是出于做婆婆的私心，她把媳妇看做女工，通过儿子的婚姻减轻她的工作。这样的亲事甚至有在结婚时，女的已十七岁，而男的还是个孩童。①

订婚的年龄和为母的想得到利益的想法，足以证明婚姻之所以成为父母的任务的内在的目的。

4　订婚的方式

婚姻是一家中最重要的事，自然将要带一些宗教色彩，并用宗教仪式来开始了。最先他们要算一算生辰八字，出生的年、月、日、时，看这门亲事是否会带来生

①Shirokogoroff，64页：新郎和新娘大约同年，就是二十一岁。但是也常有新娘比新郎大的例子。这也许是因为男家的父母需要一个能在家工作的妇女，所以在结婚前便把未婚媳妇接过门。若在结婚前儿子死了，便把这女子给死者的弟弟。丈夫比妻子年纪大的很少。这种情形在满洲的社会组织中是很自然的，因为父母或其他族中的长辈为他们的子女或小辈娶妻的目的，并不只在为他们娶妻，而是想为家中添一位能工作的成员。

息繁盛和幸福。[①]算出来的结果若是好的，他们才进行订婚。所以订婚的第一步手续是排八字，女家同时也要请人考虑这件事，假使男女两方推算的结果不同，那么他们再找第三个人来考虑。

男女双方都极满意的婚姻，排算出来总是好的，因为占卜的人也明白他们的意思。

反之，很晓事的占卜的人说合不上，婚事就吹了。这是一方面要拒绝对方求婚的一个好办法，被拒绝的一方并不因之丢脸。

没有人敢放过这个手续。这很容易明白，因为他们的生活态度是这样，凡遇到比较重要的事情，都要先去

①Timkovski,《北京及蒙古游记》Voyage à Péking à travers la Mongolie, en 1820 et 1821——Klaproth翻译及修正本,1827.vol 2,p.306:蒙古人在结婚决定之先,一定要根据男女两造的生辰,依命书推算两造是否相冲相克。蒙古人用十二个属相来计算:1.鼠,2.牛,3.虎,4.兔,5.龙,6.蛇,7.马,8.羊,9.猴,10.鸡,11.狗,12.猪。第五年也称为ibeghil,和第七年的kharchi可以合婚的。若女的属鼠属牛,男的属龙属猴,可以合婚,但若两造中一属鼠一属马,则合不上。他们以为牛和虎,鸡和马及猴是永久的对头,不能合婚,称之谓“éhkrchir”。

占卜，不过他们的结果也常是痛苦的。……虽然这样，但当一方面打定主意要得对方同情时，也不是没有例外的。

一个Ing-iang sien-cheng的汉人，穿大礼服，坐在门前

在左边是他的学徒，后面是他的仆役。

但是这种八字是谁推算的呢？

虽然喇嘛教和萨满主义是甘肃土人的正统宗教，但是他们并不去找黄喇嘛和萨满来商量这事。他们有时去找汉人的阴阳先生或红喇嘛占卜，我对这种动机性不很

明白，土人也不能给我解释。

这一步手续完毕后，男家的父或母便到女家去议婚。回答若很好，“母亲独自”到女家去，带着八个、十个或十二个馒头（总是双数的），四尺红布，一双给小姑娘穿的鞋和几尺给小姑娘扎头用的红绳。

他们吃茶，谈笑，把小姑娘引来见一见面，再谈起婚事，然后婆婆便告辞走了。女家将礼物接收下来，小姑娘也给人看过了，于是婚事便算订下了。他们并不保守秘密，反而喜欢使人知道。但在男家母亲拜访之前，他们若改变了意思，便不去动桌上的礼物，随意谈天，不把女儿领出来，也不提起婚姻的事，等男家的母亲告辞时，他们便很客气地把礼物再交还她，这样婚姻就作为罢论了。若婚事说妥了，男家便去请一个媒人来。

等到男家母亲做第二次拜访时，婚事便完全说妥了。这种风俗在一个父系经济社会里，可说是极离奇的。①

5　姑娘的价格及订婚礼物的磋商

汉人的习俗是要约请两个媒人，但土人则不然，他们普通多半请一个朋友当媒人就足够了。

媒人并不立刻要请定的。当姑娘才只有四五岁时，他们常等两三年，或更长的时间，才去请媒人。婚事已被岳母承认了，没有什么可怕的了；只要每逢新年和八月十五两家彼此拜访一次，并带些小礼物，互相称作“guda”亲家的意思，借以互相提醒不使忘记这门亲事。

---

①“女家父亲照例要拒绝婚议，但并不是真的拒绝，过些时他们便请一个媒人到女家的父亲那里去提出婚价（kalin）。若是这两家早就有婚姻的关系，‘婚价’只是一种形式而已……”

“女家的父亲普通总要和他的妻子商量的，假使他不同她商量，自己决定了这门亲事，她可以提出抗议来，但这抗议并没有效力。这时候她的小叔会出来打圆场的，劝嫂嫂不必争执。这样形式上的争执过去后，她便不能不依着丈夫的主意做去了。假使男家先去同女家的母亲说亲，如果她允许了，那么女家父亲也不能翻案。假使男家先去同女家的叔父议婚（譬如女家的父亲已经死了），叔父必须去同嫂嫂商量，依照她的意思去做。”（史禄国，72，73页）

但是也有例外，假使女子已到了结婚年龄，他们便很快地要去找个媒人。

由算命的择定了吉日之后，媒人便带了惯用的礼物到女家去。这些礼物是：一瓶杜松子酒用红色枣木塞着口（红色表示生长），一块羊颈项上的羊皮。媒人到女家后，将礼物放在炕上的小桌上，很恭敬地向着女家的人行礼。他们不用说什么，大家便明白来意了。于是请喝茶，抽烟等，倒过杜松子酒后，媒人便开始说明他的任务。他说，你们的姑娘既然决定要嫁给我们的孩子了，那么我来这里请一个日子，并且商量一下应有的礼物和一切安排的仪式。①

于是他们选择一个吉日。选定之后，彼此行礼，媒人便回到男家去向他们道喜，说女家的人怎样好说话。

在媒人到女家去之先，男家找两个善说能道的长者同去，为的是使他们帮助媒人说话。他们喝茶饮酒，男

①史禄国，73页：这种商议常接着就请吃饭并喝酒。如果将女家父亲灌得个烂醉，"婚价"便容易商议了。所以结果常弄得大醉。"婚价"一定要在这次商议妥当的。大概是两头到四头猪，总是双数的。这些礼物一定要在婚前送过去，不一定非是猪不可，折成现钱也可以。除此以外，每年须送十块钱（或俄国卢布）给姑娘做衣服，在每年最后的一月还须送一元至五元钱为买锦衣和彩头等用……普通"婚价"都以猪来计算。满洲人并不用牛马来计算的。

蒙古人用马或鹿来计算。通古斯用鹿。很值得注意的就是和满洲人、蒙古人、通古斯人邻居的达斡尔人（Dahurs）却用布匹来计算。贵州及云南的土人和苗民相同。

Timkovski，上引书，第二卷，307页：蒙古人求婚是请人交涉的。等女儿允许之后，男家的父亲就偕同媒人和几位亲友一同到女家来。他至少须带一块切碎的熟羊肉，叫做"touelei"和几瓶酒及喀达khadag。他们同女家的父亲说明了来意之后，寒暄一阵，便把羊头和喀达用盘托着放在Boukhan（宗教的神座）之前，大家抽烟，在神前行礼，然后大家都坐定了，吃羊饮酒以取乐。同时他们也一定要把喀达或铜子放到酒瓶里去。这风俗称为"takil tabikhou"就是我碰碰手的意思。谈话的大题是为姑娘争"婚价"。在家境不好的人家，常竭力使对方让步，有如在市场上的讨价还价一般。富裕的人家便不很在乎这点，尤其是贵族，就量力而行，双方根本不讨论这事。在贫苦的人家，妆奁大概不出四百头各种畜牲。

Schotten，Anthropos，notes surtribus，344页。在Inaghoang-miao中，聘金是一匹马。

家尽力招待，想使他们叫自己方面少花费一些。

他们照例带着几瓶酒到女家去，女家也请好了两位长者来帮助磋商。酒一喝，他们就开始了。两方所请的人都是最能说话的，他们的磋商完全和汉人不同。

土人在谈话时，一个人有时可以连说上十分或十五分钟，没有人去阻止他，他们在那里争论许多小事。他们用了极郑重的态度来讲说那些细琐的事，同时他们的助手也提起了精神，津津有味地听着。一个接一个，简直说不完。总之，他们知道他们是对手，各站在各的立场上来争论。但按他们的风俗，他们一定要争得很高明，一方面要求种种办不到的事，一方面则还价少到可笑的地步，最后，他们还是依照旧例决定。

中等人家（我说的是一九一五——一九二〇年间的事）他们决定给女家的是：

二十四串钱（一串钱在那时约值一元钱，

一元钱约合三个法郎)。

二十四匹布，为作衣服之用：十二匹质料较好的做外衣，十二匹较次的做内衣。颜色有绿的，黑的，红的，紫的等等（八尺棉布相当一匹中国布)。

一匹雌马，经过一番争辩后，他们规定好马的年龄及品质。

他们都极重视族中的风俗，依风俗结婚不能没有马的。但是穷苦人家因没能力置办，便不得不违俗。不过这风俗依旧如故，大家一样的重视它。

一般富裕人家所给的是：

二十五块钱，

十六匹或二十匹绸或缎，

六十串钱，

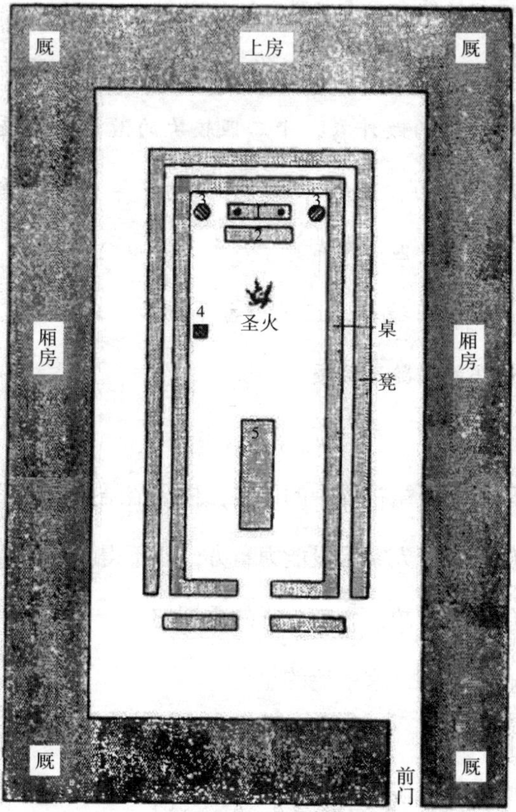

土人结婚时院子的布置

1　放着两盏灯的桌子　2　红毡　3　茶几
4　主仪人的座位　5　放礼物的桌子

再加一匹雌马。

但是也有例外的情形，我有一次看见他们给五十串钱、两匹布、一匹马、两头牛；还有一次是给二十四串钱、十四匹布及一匹马；另有一次是给三十串钱、十八匹布及一头牛。

婚价说妥之后，这番手续就算结束了。男家说客们告罪说：“我们得承认这商定的礼物不是我们最初所料到的。但是，不管这些，我们预祝你们女儿的幸福；男家一天比一天富起来，你们女儿也一天比一天幸福；将来你们两家都要变成世界上最富的人家。你们女儿的这门婚事非常吉利；男家待她一定更好；总之，无论如何，你们总是希望女儿幸福的。”接着他们就说许多话来称赞那姑娘和她家，并预言他们的前途是怎样美满。于是全家都很满意的结束这次磋商。

但是他们还留一条后路，因为怕男家不同意他们所决定的，他们向男家说尽了世界上所有的苦衷，使男家能接受他们的意见。他们回去时，从女家带回两瓶酒、三尺绿布和三尺绿头绳。

这时候男家简直等候得不耐烦了。他们推想派去的说客现在一定在争辩什么了，特别是悬挂最后的结果。等一会他们回来了，滔滔不绝地讲述他们怎样能干，怎样争取他们最大的便宜；他们更说达到这个地步是怎样困难，接着就说这未过门的媳妇是怎样可爱……

普通男家总是接受并承认这些规定；但也有再派人作第二次磋商。不过这一次就没有多大的争执了，讲不成的例子极少见。

我们可以注意的，就是当他们娶一个少女时，只有一个媒人，没有婚书，连一个礼物的清单都不用；但是娶寡妇时，则有两个媒人，并且要有一张婚书，由双方的父母及媒人签字。

6 送给未婚妻的礼物

a.什么时候把礼物送去?

在例外的情形下，若女子到十三四岁时才订婚，他们大多在规定礼物之后一个月内把礼物送上。

在另一种情形下，当礼物已经规定好了，而女孩子的年龄还很小时，普通他们总是等女孩长到了十一二岁时才送礼去，也有人在规定后一年一次便将礼物送去，也有人将礼物分做两次或三次送去。他们的风俗是将时间拉得很长。①

为什么他们要这样迁延，给人家看着小气呢?

有一种会打算的人，连未过门媳妇的生死都计算过了。事实上，假使这女孩死了，礼物既已送去，就不再退还了。即或女家恰好还有一个较小的女儿，男家并不

---

①Timkovski, Voyage à Péking, vol 2, 308 页：蒙古人并不是一次都将婚价送去的，他们时常分成几次，依男家的家境而定，竟有延长至六七年的。在秋天送去时，一头雌的牲口可作两头算。

能要求她来代替死者。假使两家感情很好，他们愿意缔结儿女姻缘，那么他们可以重新商议，男家再出些代价如布疋及钱等，这样小女儿便给男家了。同样的，若是男孩死了，他的弟弟也不能顶他的位置，除非情形也像前面所说的一样，两家平时很有往来。土人对夫妇年龄的差别是不大在乎的。在这种情形下，男家不须再给婚价，但也有例外，有些地方的人，过两三个月以后，还要把婚价补上。

在那婚俗中所表示的那一种讨赏性质的利己态度，只是这民族的一点微疵，这微疵虽很普遍，但并不足垢污甘肃土人。

b.怎样把礼物送去？

媒人带着两瓶杜松子酒，用枣木塞塞着口，瓶用羊皮裹着，送到女家。他这次的拜访共有两个目的。第一是要规定一个结婚日期，第二是想再磋商一次以前规定下的礼物，“因为男家现在穷了，他们家运不佳，牛也丢了，花费不起了，虽则他们很甘心履约，无奈实在置办不起，赏媒人一个脸，再让一些吧……”

稍稍让一些东西就觉得客气些了。所让的都是成双的，例如两串钱、两匹布等。女家答应之后，他们便要决定举行结婚典礼的日期了。

如果女家穷而男家富，媒人就向男家提议将女孩接到男家，为的是使仪式显得庄严些。在这种情形下，女家要当着男家的面，将妆奁送到男家去。

礼物的送交普通都有一些仪式。在女家要请一次酒，到席的有媒人，男家的父亲，舅舅和哥哥；有时还带有代辩人，统共总有七八个人。

媒人把从男家带来的杜松子酒打开。给女家每个人倒上一小杯，然后他再把带来的礼物放在一个小桌上打开，还添上给姑娘头上戴的花，两个红的或花的小箱子，两块黑色蒙头纱，一对耳环，一双绣花鞋。

双方互相道歉，一方说到他们的困难和不幸，“我们所带来的礼物算不了什么，只是一点心情而已”。这一方也道歉说，“我们所要的也太多了，不过现在我们对于这些礼物已经十分满意了。”

当大家都归座后，媒人便站起来向女家要求见见那枝“花”，就是未过门的小媳妇。

地上铺了一块红布或红毡，小姑娘同另一个姑娘走出来，到大众面前，站在红布的中心。两个小姑娘手拉着手。

小姑娘这天一早就起来，将全身都用肥皂洗过，请邻舍中最巧的妇人来替她梳头，穿上最美丽的衣服，头上戴着花，若去照一照镜子，她准不能认识自己了。伴她的小姑娘同她大小差不多，装束得比较平常，头上不戴花，只戴一块黑纱。

她们走到红布的当中，面向未来的翁舅，把拉着的手松开，很恭敬地三跪九叩。这是以前汉人中很庄严的敬礼，在行礼时必须很严肃而稳重。这是土人处女的一种风尚，就连小孩子们玩耍时，也常练习这种仪式。所有的小女孩都得学，她们崇尚这个，这是东方的特色。

这枝“花”对自己在那刹那间的姿势和动作是很注意的，她要给大家留一个很好的印象。未来的翁舅面带微笑，很起劲，很和气的往红毡上抛两三把红枣，一把铜钱，象征幸福和富贵。其余的人都不动。两个小姑娘就一一的拾起来，闭着口，很严肃地行了一个礼，从那里走出来，两人平分枣和钱。

媒人站起来高声的说：“两位认了亲家，换杯酒。”

两家的父亲站起来，走到红毡中间，彼此相对跪下，行过礼，媒人便给他们两人各一小杯杜松子酒，于是彼此交换干杯。一共倒四次酒，他们也四次交换干杯；这时候，陪客便大声唱下面四种对联中的任一种。

席事扬光

门绣花

子孙花

两面插

两家喜爱

作亲家

新亲家

牡丹花

两家的父亲站起来，请陪客们喝酒，并且添菜，羊肉片和馒头面条等。

女家普通要在男家父亲的口袋里装两串钱和几个馒头，数目总是成双的。其他客人每人都赠两个馒头。把空的酒瓶重新装满了杜松子酒，送回男家。

凡带礼物来的客人，都不会空手回去的。每次媒人拜访回去时，带来的酒瓶都要装满酒送回的。

7　结婚的年龄

结婚年龄的规定是十五岁，其实这十五岁的算法按实际说起来不过才十四岁。事实上大半是十五岁到十七岁之间，女子很少有过了这个年龄还没有结婚的。

这普通的规则在土人认为是应当这样的。事实上，处女一到了这个年龄就被认为是大姑娘了，已经不能再耽搁了。在十三岁就结婚的很少。同时，女子年龄在双数时结婚的也很少。

男子结婚的年龄没有一定的规定，双数或单数也不计较，十岁，二十岁，甚至三十岁结婚的都有，但是普通很少过了十七岁还没有结婚的。①

①史禄国,64页:满洲人等儿子长到二十岁就觉得一定要替他结婚了,普通大半在年龄以前便结了婚。若耽误了“大家都要笑话”,因为到了年龄尚不结婚的男子所属的氏族,要被人认为“不长进,衰弱和贫穷了”。

8　规定结婚的日期；商议最后的安排

当姑娘到了结婚年龄，按照风俗男家的母亲，也有时是父亲，但不常见，要带着照例的礼物来拜访女家。她带的礼物是：杜松子酒，八个或十个馒头，四尺红布。媒人并不陪她同去。

普通这种拜访多在八月十五那天宴会日履行。男家的母亲到女家打开礼物后，便向女家的人叩头行礼，但是女家的人多半阻止她。预备了茶和馒头招待她。她把自己带来的杜松子酒倒给每个人喝，表示这次来的使命是很重要的。过一会她便谈到婚事，并要求女家定一个结婚的日子。

一般的规矩是女家在这时要托辞拒绝的。“女儿是多么可爱，孝顺父母，又这样忠诚，决不要离开的。”他们要求再迟延两三年。那女孩这时要在灶下大声地哭……商议的结果，他们眼睛里含着泪答应了。

几天之后，男家就请了一个汉人算命的，或是一个红喇嘛，及女家的两个人，她的父母和媒人来。在挑选吉日时有很大的争论，因为这择吉的事对于两亲家的幸福都有关系。这种选择常是很慎重的。

在李土司家里，三月和九月里是不结婚的。以前他们掌权时，这地方的人都是这样。但是现在这风俗已渐渐被抛弃了。

结婚日期规定之后，他们便开始讨论最后的安排。富人在结婚那天要举行一生中最讲究的仪式。这仪式的内容是两家经过激烈的争辩后决定的。

女家说："我们答应让女儿那天过门，已经是牺牲了，那么结婚所用的东西你们是不是完全负责呢？你们为我们的女儿预备了银冠和外衣内衣没有？"

他们非得要求很多，才能得到一点。婆婆就道歉说：我们很穷，家运又坏……可是她起誓说为这媳妇已经花费不少的心血了。……这时媒人便出来调解。他们预备羊和菜。

中等人家普通第二次给未过门媳妇的有下列这些东西：

一个铜冠

几对耳环，银的或铜的镀银

一件布料短褂

一条布料裤子

一双鞋底上用的高底

一条结婚那天头上蒙的红布，还有一条绿布。

富裕的人家多半给一个银冠或镀银冠，一对或两对银耳环，几件绸衣服。如果男家十分富有，他们的花费就更多。

讨论过这些后，便讨论筵席。女家要求把他们的亲戚都请来，这样便须请二十四至一百个客人。媒人提议请四十个客人就够了。在富有的人家多半请一百多客人。

但筵席是什么样的呢？女家要求用汉人的席，十二个或十六个大碗。“我们不能丢脸，至少你们得给我们这些，我们已经让了那么多步，这一点可不能再不照办了”。媒人起来说：“还是我来圆场，使两家都满意。我希望你们赏我脸到底。三番两次我们都商量妥当了，希望这次还是这样。你们看，吃一顿汉席需要多少碗，我们这里也不常用的，而且还需要一个好厨子，我们到哪里去找？为了这汉席还得一个厨房，哪里有呢？最后，我们又不是汉人，还不如依照我们祖宗的风俗，来一顿本地大宴呢。我说杜松子酒一定要预备上好的，多多的预备，每人合二斤，预备的羊也得又肥又大。……”一切的安排就这样决定了。

其实在争论之先，争论的结果谁都知道的，但是非争不可，不这样显不出自己的隆重，并且饶舌闲谈是没事做的人的最好消遣方法。

结婚仪式多在庄稼收完后，十月，十一月，或十二月里举行。那时候家畜也长肥了，仓房也充满了谷类，可以拿出一部分来造酒。有时富人愿意显示自己的富裕，偏在五月，六月，或七月里替儿子结婚。这些月份普通常称为“空月”。①

9 接受礼物和宴请客人

在结婚前十二天，媒人和女家的几个人，带着礼物到男家来，礼物照例是十二个馒头，一只公羊，一只母

①史禄国,76页:有时在结婚前他们规定一天吉日,举行结婚仪式。吉日是由中国的阴阳先生依着皇历所推算出来的。

史禄国,74页:在结婚之前,和女家有交情的男家代表多人往访女家,商定结婚的日期。但是女家的父亲拒绝他们的请求。于是男家的代表允许再加一些礼金。以前的这次额外礼金是只猪,在结婚那天吃的。但是与日俱增,现在大约须价值在一百元至三百元间的猪、钱和其他礼物。此外男家还要送价值一百元至三百元间的绸衣和珍贵的饰物。假使男家不愿增加礼物,婚期可延迟到二年后举行。女家可以要求礼金三次,但是最后即使没有这额外的礼金,他们也得把女儿嫁出去,因为女子到了二十七岁之后,就不能留在自己家里了。所以女子结婚的年龄大约在十五,十七,十九,或十六,十八,二十。……但是两家若很有往来,这额外礼金可以取消的。在结婚前五六日,男家的人就很郑重的把这额外礼金送到女家父亲或其他尊长那里。

羊，还有些别的碎肉，这礼物称为Mutsé，至于它的含意，作者并没有得到解释。作者只知道他们要遍请女方邻舍中所有的处女，以及女家已出嫁的姑娘们。

喝过茶之后，他们将衣服，耳环，头冠等拿出来叫客人看。在这时候又有困难了。有时他们不要这个不要那个，他们要求调换，或再将结婚日期向后拖延，直到最后女孩离了家，他们才停止要求，因为他们知道等女孩们一离开家，他们就再也不能要求什么了。

10 没有仪式的结婚

当女子已长到结婚年龄，而两家又很穷，请不起客时，他们就从简进行，这就是所谓“没有仪式的结婚”，或“不用仪式的娶妇”。这种结婚多在十二月九日或十日举行。男家的母亲偕同媒人一起到女家来。他们喝茶吃肉与馒头，然后便带了姑娘步行回去了。如果路程很远，他们就骑马去。到男家后，并没有什么宴会。

姑娘还是梳着处女的辫子，她在男家所占的地位还是处女。①

在新年的前一天晚上，在厨房的灶神前，他们替新姑娘梳上已婚妇人的头，新女婿到跟前来，全家人都聚拢来，这对新夫妇一同向灶神磕三个头，这样结婚的仪式就算完成了。然后他们再向父母及家人磕头行礼。这天晚餐较为丰美，他们希望幸福和财富能恢复过来。

大年初一，父母把媒人请来，尽力预备一桌好菜，他们喝酒，一对新夫妇向媒人磕头。他们按照规矩送媒人一串钱，或一串四百钱。一方道歉说送的太少，一方则热诚的道谢。就这样告辞了。

若是女家太穷，女孩在九岁，十岁甚至更小的时候，男家（婆婆和媒人）便把她领至自己家里来住。她

---

①史禄国，65页：满洲人也有下面的结婚法：他们把女孩接来，送一些礼物给她的父母，女孩住在男家，直等男孩到十七八岁时，她才能做新妇。这时他们举行结婚仪式，男子才成了她的丈夫。假使女家穷苦或女孩太多，或男家需人做工，他们便依这办法行事。75页：当女子长到十五或十七岁时，他们便举行很简单的婚礼。

在男家的地位还算是处女；直到她满了十五岁，在那年的最末一天，她才结婚。形式和上述的一样。假使在年底将要举行婚礼的时候，男家意外的有了丧事，这种没有仪式的婚姻普通也要举行的。同样的，若女家的父母死了，男家也要把女孩接到自己家里来，等到十五岁时再结婚。

在比较汉化的土人中，结婚典礼前若有一方父母死了，依汉人的规矩，他们照常举行婚礼，照常有宴会。到第二天才开始哀悼，宣布死人的消息，并预备举行安葬。

11　女家的离别宴

在结婚的前一天，女家要举行一种仪式。这种仪式常较结婚那天男家所举行的还要隆重。这仪式有它特殊的性质，就是在这宴会里没有一个客人是从男家来的，只有女家的人和亲友。他们并不是邀请来的。每个参加的客人都先要考虑一下，看自己与这家的关系够不够来参加的资格。家族的声望愈大，来的亲朋也愈多。在我们中间，若不知道客人的准确数目，筹备起来是很困难的，惟恐预备得不够用。但他们并没有这种困难，因为他们每个人都带着馒头做礼物来的，所以比较容易办些。

在这宴会里最重要的客人是姑娘的舅家。席上永远不会少了他们的。他们觉得参加这会不只是一种义务而且是一种权利。他们的缺席会被认为不合理的。舅家的长辈一定要参加这宴会。很奇怪的，他们的参加并不是为了使宴会隆重些，也不是为了想同这家关系更亲密些，而是tanquam potestatem habenbes为了他们有权利如此。他们要看一看那快要离家的女子，并看看自家已出嫁的女子。他们愿意在她离家时照料她。在这里我们可以觉到家庭中的团结，及团结感情的坚强；参加筵席的人都是同一氏族。他们并不去参加男家的筵席，但是女家的筵席中从来不会少他们的。

在客人中我们一看就分得出谁是舅家的亲戚，谁是邻居和朋友，因为舅家的亲戚在该席中总是居上位的。

东方的国家是最讲仪式的；筵席上客人挑剔得很利害，一定要人步步按照成例行事，不然，虽则招待得很好，他们还是会不满意，还是要苛刻的批评。

他们很慎重地请一个主仪人（称为Lordiziwa，西藏人称Lo-rgyus，叙述并讲话），这种人能说会道，又要有地位，在乡间是很数得着的。一切安排都由他主管，他要维持秩序，解决一切临时发生的困难，并讲一切照例应讲的话。他先请了两个人，穿戴得很整齐，去招待客人。

他们预备好一个院子，在那里安席，风雨无阻。土人的房屋是不分间的，能容四十至五十个客人。院子普通是长方形。他们普通用石头砌成三十公分高的柱子，当面放有平石板当桌子用，有二尺长，用的板也不连接，也不油漆，也没有台布。它们一张一张的排列成马蹄形。招待的人在圈里，客人在圈外，坐在他们的毡帽，或地上，或草编的蒲团上。他们散布在院子里，上面有布幔，好像在一个大的帐棚里一样。院子里装点着中国的纸灯笼，挂在约有一人高的地方，此外满院子都挂着红绸条，大约有三四十公分长，在院子的一个角里，有三四个汉人吹手，在那里吹打。

由桌子围成的圆圈里，烧着“萨满”圣火。他们一刻不停地往火里扔着柏树枝，用着很谦恭的态度扔着。在离火不远的地方，向门的方面，筑着两条小墙状的东西，上面铺着一块平板，为安放礼物之用。再加上几只母鸡在那里寻食，几只小羊在那里挡着路，几个儿童在那里跑来跑去，这差不多就是宴会的缩影了。

客人多在早晨十时左右来到，有的步行，有的骑着马。客人的牲口身上用绳捆着几个泥佛，在大门外的动作完全像游牧民族在帐棚前一样。邻舍们预料客人们快要来的时候，就在门外等候，客人一到便把他们领到厢房里。在这厢房里，正对进门的墙上挂着一幅神像。客人就向神像跪着行礼。他们请了一个汉人，坐在炕上；他手里拿着一枝毛笔，把客人的姓名和他们所送的礼物一一都记录下来。主仪人就把礼物收下，向他们道谢，装着嫌客人太客气的样子，客人便离开了那间房屋。

客人照例都要带八个馒头来，如果还要带别的，便各随己意了。普通礼物是四尺或六尺红布或绿布。若是很亲近的朋友，他们便多送几尺布，或送些不很普通的东西，也许送八百制钱，用红绳穿着，绳端系一块小羊皮。全家都注意着这礼物的登记簿，因为这样他们可以按照各人的身分去招待。舅家的礼物是没有一定规矩的，舅舅多半送一件短褂，舅母多半送一双鞋或一对五色袖子或一丈布。这些手续做完了，客人们便被领到上房屋里，在那里客人们向主人行礼，那里预有冲有牛奶的茶和馒头请客人用，每个客人喝完了一杯茶便走出去，预备腾出地方来让后来的客人进去，他们于是加入院里的客人间。

直等到下午两点钟，就没有多少客人来了。客人在院里的桌子旁坐下，男的占据一面，女的占据一面。如果其中有一位高贵的客人，便让他坐上位，同新姑娘的舅舅并坐在正对大门的位上。每个客人都推让一番才入座。他们都抢下位坐，为的是使别人推他坐上位，这是一种有礼貌的技术，主仪人必须很谨慎地在里面周旋。新姑娘的父母是不出席的。

假使客人不太多，席上是很舒服的。皮毡和草席是结婚喜筵最实用的坐物，想容纳多少人都可以。当客人都入席后，便摆上奶茶和烘干的馒头。圈在长方形的桌子中间空着，伺候的人在里面非常机警。他们不等你看见，美丽的茶壶、奶壶、茶杯、茶盘、碟子等精细的瓷器已摆在你面前，在厨房里奶子便已经倒在茶里面了，现在普通的茶壶都是用铜制的。馒头堆在桌子上。茶杯是用白土做的，但是并不破裂。

茶喝过后，摆上煮热的杜松子酒，盛在二十多个小瓷杯里。每个人喝过两三口后，便彼此传递。女人酒量并不小于男人。在他们等待全羊盘时，他们谈笑，抽烟。羊的头部和腰部都切开了，不过还是要把它摆成个羊的模样，为的是要证明这是只整个的羊。当他们大家正在称赞那羊的时候，伺候的人便分给每个人一只木制的小碟子，里面盛有醋。桌子中间还放有几只小木匣，里面有盐和胡椒。土人食物不用刀叉，手指是最好的器具。——伺候的人用手把羊撕开了放在客人的碟子里，客人就拿肉蘸着盐、胡椒和醋，跟馒头一起吃。把骨头放在桌上或扔在地上。这时每个人都注意着羊肉，全场都很安静。他们没有茶布，吃完后便用嘴将手指舐净，然后再把手放在鞋上擦擦，为的是使皮子光亮些。最后摆上一碗汤，这桌席便算完了。他们倒上酒，并将桌子打扫干净。这就是所谓全羊席，在乡间要算最隆重的筵席了。

我们得承认，像这样的筵席，席面既不周备，器具又不精致，加以烹饪法也不高明，却并不减少土人的口味和兴致达到最高点。

这一种筵席，这些主人，这一种形式，都是高原上游牧民族所常渴望的。在那里，筵席都设在大棚帐里，但在土人中却设在院子里，上面扯一个布棚。在那里，客人都席地坐在毛毡或草席上，在这里也是如此。为什么土人不像汉人一样摆设，不在院子里摆上十来张桌子，每桌坐八个客人呢？这是因为在土人里古代游牧的习惯还遗留在他们生活中重要的节期里。一言蔽之，在婚姻的规模上，可以见到土人古代的游牧组织。那时候他们所牧畜的大抵都是些大牲畜（牛，羊，马）。证据是他们在古时所送的礼物，和他们所记得以前的喜筵，都有马和牛；女家送给姑娘的舅舅一只牛，女婿的舅舅一匹马，另一匹马送给女婿；男家也给姑娘的舅舅一只牛，给新姑娘一匹母马作为礼金。席中的肉规定的是羊；在结婚之后，一切礼物也都用羊肉，在亲友们告辞时所带走的也都是羊肉。

没有地方提到他们用猪肉的，虽然土人们也喂猪。在他们的省城里有一种苜猪，一种山猪，是一宗大买卖。

现在我们可以提到宴会的程序了。

他们先把送给新娘和她家的礼物陈列出来。陈列的地方是在正对门的萨满前面的桌子中心。中等人家所送的礼物如下：

给新娘的：1）三件镶有绣花边的长袍，一件绿的，一件红的，一件紫的。

2）两件比较简单的长袍，一件蓝的，一件黑的。

3）两件小短褂。

4）一件毛织长袍。

5）三条很简单的裤子。

6）三件或四件背心。

7）结婚那天所戴的大冠。

8）一条条纹的或绣花的腰带，约十二尺长。

9）四对或五对颜色不同的袖子。

10）五对或六对绣花袖子。

11）十二对套裤。

12）一件黑羊皮长外衣。

13）一条黑羊皮腰带。①

给新郎的：1）一顶汉人的瓜皮帽。

2）一件束着十字带的蓝外衣。

3）一条约有十二尺长的红色腰带。

4）几条套裤或靴子，但不用裤子。

①Timkovski, Voyage à Péking, vol 2, 308页：（在蒙古人中）等到一切都商定后，未来的翁姑须筑一帐棚，并供给一切必需品，使她可以不求于人，此后更送她梳洗所需的一切用品和一匹带鞍的马，以备她骑着到男家来。

5）一个大的围颈用的西藏哈达。①

给新郎祖父的：一顶毡帽。

给新郎祖母的：一件简单的长褂或短褂。

给新郎父亲的：一顶毡帽。

给新郎母亲的：一件长褂或短褂。

给新郎叔伯的：一个枕头。

给新郎姑母的：几双长靴。

给新郎弟兄的：靴、枕头或哈达。

给新郎妹妹的：二尺白布，用以作手绢。

给新郎姊姊的：一块四尺长的红布。

给新郎舅舅的：一件尊贵的礼物，一个哈达，一串红绳穿的制钱，绳端系一块羊皮。

给媒人的：一双靴，一串或六串钱，和一个枕头。

①哈达（K'ata，西藏作Khabtags）是一条淡蓝色的粗绸头巾；土人中有地位的人或参加盛会时用，亦用以献给神道。也有很美丽的，白色或蓝色的都有，质料也很讲究，很长，画着佛像；这只有在盛会里或上等人中才用得着。

已婚土人妇女

穿着赴宴会的衣服，土人的装束。

在富人家里，这些东西的质地都极考究，此外还加一顶银冠，两三对银耳环，几个银戒指。……有的富人，甚至陪嫁女儿一顷地，称为脂粉地(ngusgegadiziar)，意思是给女儿买脂粉用的。在这种情形下，丈夫须代她耕种，将收获交给妻子。如果丈夫不得已要出卖这地，须先尽女家买。

约三十年前，南岭口一家姓马的，娶包家女为妇，包家陪送了许多“脂粉地”。后来马家穷了，便把这些地抵押给潘家。过了些时，又把它卖给胡家。潘家于是根据汉人的一句俗语“抵押的人有收买的优先权”来责问马家，并要求收买。但是包家也跑来争买这块地，因为这是“脂粉地”，是他们的姑母出嫁时陪送的。中国审判官明白这规矩，于是把这块地断给包家了。

蒙古也有同样的风俗，上次Olantsh'ah部的Orat王娶Ortos的汉王女儿时，就陪嫁了Sainnoor地方一部分土地（在宁夏教会Mission de Ning-Hia三头沟San-tao-K'iao教区南三十里）。

关于上述的礼物，现在已经有很多变异了。作者知道有一家女儿出嫁时，只给她六件长褂，还有一家给了十件；这些都是按照家庭的经济状况来定的。

妇人们对于这些礼物特别发生兴趣，她们考究那绣花的针脚，尤其是袖子和腰带的两端。这些手工须费几个月的工夫。礼物看过了，便把新姑娘带过来。

他们将新姑娘抬在一张中国式的小炕桌上，桌上先铺好红毡。她坐在烧着的香及陈列开的礼物的当中。这是她第一次在这宴会里出现。她的头露在外面，梳着处女的发辫。

主仪人走到舅父面前，作三个揖，请他坐在新姑娘的身边。舅父便走到姑娘那里。全体客人都站起来，一齐肃立。

主仪人满斟一杯酒，递给舅父，请他干杯，一连三次。然后又斟给坐着的新姑娘喝，姑娘用两只手接过两个杯来，杯里放着一个红枣。她把两杯举在较口高的地方。这时候，主婚人问她说：

“你舅父，你骨肉之主，在你身旁；全家都在这里，你出嫁的日子已经规定在明天了。在古时，家产的分配，女子是得到男子所应得的一半。现在却不是这样了。给你的除了几件衣服之外，没有别的了。”接着他便把陪嫁的东西一件一件的点出来，指给她看，把颜色和质料都说明了……并把送给男家及女婿的东西也说出来。然后又向姑娘说：“你父母已费心为你预备了。他们本希望多给你些，但为能力所限，你应当知足，应当感激他们，不要忘记他们。你看你舅父及他的全家都将永远在你的背后。”于是姑娘流下热泪来，照例她应当悲哀的。

整个会众都感动了，许多眼睛里都充满了眼泪，两个女人走到姑娘跟前，把她领回去……

这一种仪式使我们感到，在一个女子完全属于她父亲及祖父所有甚至为父族所有的父权组织里，是不易解释的。为什么舅父和他全族的人都来，作姑娘的保护者，永远站在“她的背后”呢？这些本是父族分内的事。为什么在训话时要把舅父请在姑娘身旁？为什么她母方氏族要出席呢？在父族方面，嫁的是他们自己的女儿，他们不应当尽保护之责吗？还有一种反常的风俗，就是陪嫁女儿的东西都由舅父和舅母来指定，而不由叔伯及姑母来指定。最后，为什么这一次宴会比男家宴会更重要呢？

我们试回想他们的仪式是在萨满的圣火前举行，而不在佛像前举行。虽然无疑的佛教是该地最普遍的宗教，虽然他们有无数的喇嘛，但萨满教实在是土人古代的宗教。

我们再注意主仪人在训话时，追溯到女子还能承继男子应得财产的一半。他是在讲述一段历史。

主仪人的训话讲完后，姑娘就退出去。他们再请客人坐下，摆上酒，很快乐的热闹起来。他们抽烟，唱歌，等待着面条上席。

主仪人把礼物都装在箱子里，每件上面都记了记号，为的是次日在男家宴会里再说时，可以不发生困难。[①]

宴会算是完了。主仪人把客人的数目计算一下，因为次日男家的宴会里是容不下这样多人的。我们知道在男家宴会里女家客人的数目已商量好了，所以他们必须很客气地请几个客人回去。主仪人走到每个要回去的客人面前，不用说什么话，送上四个馒头和一两块生肉。这叫做“补分子”，就是补充宴会的意思。这样，客人就明白了，他们很客气的告辞回去。

这些被选赴次日宴会的人当然要找地方过夜了，有的住在邻舍家，也有的就住在女家。一直闹到深夜，饮

①Timkovski，Voyage，vol 2，308页：（在蒙古人中）牲口一送到女家的父亲那里（据该书德译本说，他本人亲送到男家去），他就摆席，接着男家也为女家的父母及亲属摆席。女婿和家人朋友等有时多至百余人，到岳父家来，带着许多煮好的羊肉。富有的人家甚至带二十种不同的菜和许多酒，以及哈达。所有的客人都已聚集在帐幕里，向神像行过礼后，便将哈达献给岳父和尊长。于是客人都从帐幕里出来，坐成一个圆形，开始用饭；有肉、酒和砖茶。饭后，女婿和从者重新去拜见各尊长，叫做Khorim Kourghetzon，就是“摆婚席”的意思。女方送很丰富的衣料给女婿，也常送给男家父母。但女婿却并不因女家的殷勤而感觉满意，因为按蒙古规矩，从那天起，男女双方不但要避见他们的爱人，而且连对方的父母都不得见。就在这次宴会里，经男家母亲的请求，双方去请喇嘛规定结婚吉期。

酒唱歌取乐。在我们看来，这种宴会并不那么好，杜松子酒很伤精神。所以对于次日男家的宴会很不利，许多客人都头沉疲乏，因为累了一天，晚上又没有好好休息。

土人们都喜欢唱结婚曲子。所唱的都是当地方言中所没有的，并且他们普通所唱的大半是西藏曲子。有一个不常听见的是蒙古曲，这曲子的来源是关于一只神秘的鸟，名叫Chong-ning。[①]

有一个少年名叫方东古，平时总在山谷里替他主人牧马。他的妻石孟苏，穿得很朴素，也终日在那里牧马。他们一遇到了，便一同坐在山的高处，看着他们的

---

① Chong也许就是佛教的Garuda，西藏那边叫做“K' yun”的。Grunwedel氏在其《蒙藏之佛教神话》p.25说：“是一种半神的东西，Nagas的死对头，是一庞大的鸟，是羽者之王这一类……”p.191：在喇嘛教中总作为：肥大的身体，人类的手臂，臂上有翅膀，其鸟头带角。它属于可怖的神道之群，若用作比喻，则颇象征胜利。……在喇嘛教中，也有作人面人手的鸟的，但那好像仅仅是立于另一主要神像旁边，作祈祷状的副像。若是作母牛像，那它就张开两臂展着双翼，面对着面地站在濒死的Nagi女人之上，其牙正刺着她的胸膛。

牧群。……平时他们出门时，总是从相反的方向上山，为的是在山顶上相遇。他们沿路折着道旁的鲜花和柏枝。他们常同时爬到峭立的山峰上，在那里燃着火，烧所折的鲜花和柏枝，再往火里加一把白面：这是他们用以献给Tsang-rtshié神的，然后很虔诚地行礼……

这少年恨上了山那边的一个牧人。一天晚上，他到那人家里，把那人灌醉，用刀杀了。他回到家里，把染着血的刀交给妻子。他的妻子并不用冷水或热水将刀洗净；含了一口唾沫，一直等到天亮。这对她是一种启示。大清早她便爬上山去看那个牧人了。在她到达之前别人已经把尸首烧着了。但那火竟慢慢的灭下去。她拔下帽子上的针扔在火里，火便旺了一些，过一会又灭了。一点一点的，她把帽子耳环等都扔在火里，又过一会，她脱下衣服来，一件一件的也扔在火里，每次将东西扔下去，火就多烧一些尸首。最后，她将自己的身体也跳到里面去了。火立刻旺起来，把两个爱人都烧了。

别人看见在那地方生出一棵树来，两枝互相抱着一直到高处才分开。女人的丈夫气极了，拿着斧头去劈这两条枝子……真奇怪，两只鸟紧紧地抱着飞去了。这鸟就是Chang-nirwa。

另外一个土人们在结婚筵席上唱的曲子是一个西藏曲，比较更有趣味，因为还加有舞蹈和表演。表演的艺术是很动人的。唱的是关于一个Judith土人的历史。在土人的连城地方，有一个强盗名叫王猛。他扰乱这地方已经有好多年了。虽然中国皇帝悬了大赏要捉他，但是没有人能捉到他，也没有人能害死他，因为只有在他的肘下才能伤他。土人中有一个军官的夫人姓卢，全区都知道她长得很美。她设法到王猛那里去献媚。那天晚上，在他的帐幕里，她伤了他的肘下，他就死在她的身旁。①

---

①这个传说是很古的，全亚洲都有，不过有种种变化。如中国的《孔雀东南飞》，又如安南诗，据G. Cordier译注。（译者注：此注似须在上节。）

这消息传到了北京，Judith奉旨受了尊号。她的夫家世代封作连城土司。这是卢姓被尊崇的来源。

在连城的喇嘛寺中，还能看见两只已干的黑手，大家认为就是王猛的手。土人对他很敬畏。可惜两只手都是右手。关于卢土司来源的传说，在我们历史研究中，所见很不同。那传说的唯一证实，就是在该地的确有过一个强盗，名叫王猛。

12 亲迎

结婚之前，合婚的汉人或红喇嘛便已经把新姑娘离父家的吉辰定好了。白天或晚上都可以。于是他们便预备一切离别时所需的一切仪式。这时辰称作“上马时辰”。新郎就去亲迎他的新娘，两个人伴着他，都按着风俗穿着，并且都是会唱的。媒人也随同一块儿去。新郎穿得好好的，戴着大的礼帽，上面还拖着红穗（是清朝的装束）；马上的鞍子也是用红色的。他手里拿着一张古代的弓，弓的一端有一束红的羊毛。背上掮着一个箭袋，里面装着四个箭头。回家后就把这弓放在洞房的窗下，四个箭头就放在那屋的四个墙角里。陪他去的伴郎必须依俗穿着，白色的，用羊皮做的长袍。这种衣服在土人中是不常穿的。

在这种情形下，新郎常骑一匹马。如果路程太远，这两个伴郎也骑了马；若是近的，他们便步行。他们带领着新娘骑的马。这匹马一定要是母的，或是没有阉过的公的；如果是匹母的，它一定要是没有发育完全的。马缰并没有多大关系。在马鬃上放一个口袋，里面装着谷穗，在路上新娘就可以把身子靠在上面；马鞍上蒙着一条红毡，马上系着些铃铛。伴郎还带着一只两岁大的小羊，预备送给女家。[1]

当他们到了女家时，他们发现门是关着，并且上了锁。他们费了很长的时间去敲门和呼人。里面有妇人回应他们，但并不把门打开。于是伴郎就唱起歌来，很随

①史禄国，77页：结婚的日子规定之后，他们分送请帖给亲戚和贵客……一切关于结婚的仪式，请帖，送礼等等一定都要登记在一本特备的书上，并且按着预定的日期和时辰都写上……

结婚前一天，他们到女家去接新娘……用一辆特备的车子……车子在路上预备好了，新郎就向着"影壁"(inbe)(院子里挡着大门的木屏)跪下，叩头数次。他们烧着香，香插在放着黑豆的炉子里。这是婚姻仪式中很重要的一节……普通，新郎在下午动身，算准了时间，在太阳落山前到达女家……车里坐着一个年约三十至三十五岁的中年妇人。她和其他的从者都必须子息完全。除了新娘的族人外，其他族人皆可充当此职。她带着一块生肉，约重二三十斤，切成一条一条地带在袋里。这肉叫做"换母肉"，就是送给新娘母亲的肉，同时将新娘娶来，是一种用肉来换新娘的意思。……在车里还坐着一个赶车的……在把车子架上马背之前，在新郎和随从的人前面，有一个人骑在马上燃放爆竹。这个人前面还有四个人执着灯笼，骑马先导。

78页：若是有人碰着他们，一定要让路……即使是当地的长官，也得回避。若是两家娶新娘的行列在路上碰见了，他们就大家停下来。由两位新郎决斗，谁败了就让路。在决斗时一面放着爆竹。

79页：车到了女家时，女家就把大门洞开，迎接新郎……于是他们就走近上房。这门一定要关着的。他们就叩门，里面就有一个人接着问话，这人时常是一个年轻的少年，他是特地为这事来的。新郎这方的伴郎不开口说来意，坚持要进去。经过长时间的讨价还价，才让他们进门。争吵的价目是五、七或九张红纸，代表钱的，还有些黑豆和炭，全是纸做的。若是天气不太冷，这争闹的时间会弄得很长。

便的唱着，譬如说，他们唱着，他们如何过山渡水……很细心的描写……又说，你们家是著名好客的，为什么这次不开门呢？他们很疲乏了，是从远方来的，又都是好人……但他们却不说出目的来。里面的妇人也唱着回答说："若是你们能回答我们的问题，我们就开门。"问题例如：太阳在月亮前面呢，还是月亮在太阳前面？弓先有呢还是箭先有？水瓶先有呢还是水杯先有？回答是：月亮在太阳的前面，为什么呢？因为太阳不那么急着要取暖；在古时战术上，是先有箭，后有弓；敬客都用水瓶的。

我们看着也觉得不耐烦了，简直没完没了，不过他们对于乡谚传说都想得很快。

妇人哗啦一声将锁开了，但她还用力往外推门，外面的男人也用力往里推。这时候，里面从高处向外面人的头上浇出水来。新郎就要往远处躲开，最后门便敞开了。[①]

当他们把衣冠整理好了之后，这三四个客人就被引进一间屋里去。他们就向对着门的墙上所挂的神像磕头，并预备给女家的人磕头，但是他们很快的给拦住了。他们从口袋里拿出两大瓶杜松子酒来，瓶口用红枣塞着，而且照例用羊毛裹着。此外还拿出两只羊腿来。他们拿着羊腿道歉说，以前祖宗都是牵着两只羊送来给女家的。他们又转向男人们，送上两瓶酒，又说，在古时，照例还得加上两瓶，可是现在和以前不同了；无论如何，我们所送上的已经尽我们的心了。然后，他们把一块约有二尺长的红布铺在桌上，上面放着十二个馒头，再盖上一块红布或绿布，这是送给新娘的。此外还

①相似的风俗，就是在同样情形中，妇女做这种事，亦见于贵州的苗人。参考 Anthropos, 6me annké, Schotter; Notes ethnologiques sur les tribus du koeitcheou.

在四川彝族中，我们亦见和甘肃土人中所见的完全相同的风俗。在 Politique de Péking, 20 guin, 1931, Enquête sur les barbares du Liang-chan 中有“迎娶的人到达新娘的家时，女家的妇女用了水桶和抽筒向着来人射水。迎娶的人一定要让他们洒射，不许躲避”。

有一个两面有齿的梳子，一个头上戴的银冠或铜冠，扎头发的红绳、耳环和一个扎紧蒙面布及发髻的大扣针。

主人立刻传饭，有一只整个的羊和一碟醋。大家都不动菜。在这席上有尊长的客人帮忙举行这离别的仪式。

两个伴郎就站起来，又在口袋里拿出两瓶酒来，给每个人都斟上了，要请大家帮忙，使一切都能顺利进行，因为迎娶新娘的时候还要唱歌。他们又打开第二瓶酒，请一切帮忙的人喝，并且说："请你们今天都去赴我们的结婚筵席。"

接着就要打扮新娘了。她在厢房里，坐在一个铺有红毡的小炕桌上。女家就请新郎到这厢房里来。新娘把眼睛沉着，也不同他招呼。新郎就把新娘所梳着少女的发辫打开，辫子普通都是用三条红绳扎着的。新郎抽出一条来放在袋里，其余两条系在iang hstia[①]由女家保存，为的是家里的幸福不致跟着女儿跑了。新郎就把带来的新梳子在自己头上梳三下，又在新娘头上梳三下，梳到第三下时，便把梳子留在她头上离开这厢房出去了。

他们把那厢房的门关上了，妇人们在里面替新娘梳妆。两个唱歌的人立刻给新娘带来了一件红衣服，因为她在这天一定要穿红衣服的。新娘用绿布把头蒙上了。在屋里的妇人替新娘快装扮好时，两个伴郎便站在屋前，听着里面修饰的歌声。她们唱着："我们本姓李，现在要给土家了。带着一个两面有齿的梳子，我们没有

①iang hstia是一家护福的东西，是一根铁棒，有二尺到三尺长，装在一个大的木底上。上面捆着一束羊毛，一点牛尾，猪尾，马鬃毛，一些红绳，哈达头；木底的形式像一个茶盘，里面装着小麦，小米及油菜的籽……iang hstia是为一家的尊荣而立的，它的地位和那些被人尊重及自觉尊重的鬼神并列的。土人们以为他们的幸福是系在他们的子女，他们所喂养的牲畜和所种的五谷上；当一个孩子结婚时，就是幸福离去了；当牲畜出卖时，就是财富丢掉了……为了使幸福及财富不离开这家，在结婚时，他们把女儿发上的两条红绳系在iang hstia上，在出卖牲口和谷类的时候，他们就拿些毛和留下些种。这样他们想赐福的神就会记起他们的好处。然后他们跪在iang hstia面前就像跪在鬼神的面前一样。

学过梳头，我们请你们来，给我们新娘好好的梳个头……我们有耳环，我们请你们来替她戴上去……”这样把一切穿戴的东西都唱了出来。

伴郎们就接着唱：“现在新娘坐的地方，以后就要给子子孙孙坐着……在她踏过的地上，你们要找到谷类，银钵和财富……”

装扮完后，一块很粗的红布把新娘整个的头都包上了，更用一条红绳在头颈处捆上，这样，她就什么都看不出了。也有地方并不在颈上捆住的。

这时候主仪人出来了，站在神像的前面。桌子上放着一杯奶，一枝松树，松枝上扎有羊毛，一个斗，斗里盛着麦和一本经，经是西藏文的，经上放着谷类，点着一盏灯，放着一束筷。如果有一个红喇嘛在那里，他就要开始念离别的经。新娘的母亲独自坐在桌前地上，面对着神像。门哗啦一声开了，新娘蒙着头，哭叫着，被四个女人或她的哥哥抱了出来，坐在一条红毡上。他们抱着新娘，大家绕着桌子跑。他们很粗暴的从房里出来，出来时一个抱着新娘的人把一束筷子在麦子上打开，很鲁莽地扔在新娘的母亲的膝上。一切都做得急忙而仓促。在把新娘抱到外面来时，唱歌的继续唱着：“当你们的女儿回来时，你们的院里将充满着牛马，你们的房子将盖得有楼有廊，门楣将变成金的了……”走到外面时，又唱：“这该是上马的时候了，这该是马夫扶她上马的时候了……这是上北方（或南方）路上走的时候了。”

新娘的兄弟们把她扶上马鞍，那些唱歌的一面跳舞，一面拍着节拍，一面抖着他们的衣服唱歌。有些地方，在新娘背后还坐着一个人，搀着她的身体，那个人普通总是她的弟兄。

新郎和媒人走在前面。他们把新娘所骑的马牵到大门前。她的父亲也骑在一匹马上，手里握着 iang hstia 乱舞，好像是个疯子，做出不许他女儿离开的样子。他们牵着他的马在门前绕地三圈；他大声的呼他女儿的名字，女儿就每次应着“我在这里，是的，在这里”。呼到第三遍时，他们就把她父亲的马牵回院子去了。在他的对面，他的女儿就被带走了。

离别的方向是由看风水的很小心的决定的。所走的路是可以遇到喜神的。女家的和邻舍的妇女，以及附近的女孩子都跟着新娘的马跑，并且到前面去挡着不许她走。唱歌的就扔给她们些钱，使她们放松新娘，但是她们还是一路的跟着跑。她们大家拉着手，跳着唱。这种情景是很入画和很有诗意的。她们一直跟着她们的朋友到新郎的家，还是唱着，跳着，拉着手。男家便给每个姑娘三个钱，三个馒头，一块猪肉。她们并不进门就回去了。[①]

他们称这种行为作āgu'dźüra'dźin（前者是姑母，

---

①Notes ethnog sur les tribus du Koei-tcheou, Schotter, anthropos, 6me année, fas 2me p. 320:若你看见在路上有一群年轻的苗民少女,就有一个新娘和她的伴侣一同走到她男家去了。这一群人在结婚的当天就很快活的回来了。

对妇女的尊称，后者是追人的意思），这就是说追新娘的意思。

新娘一定要有一个伴娘，他们总是找一个既聪明又清秀的女人。她也骑着马在后面跟着，伴娘一定要已经有几个儿子的；一个小童骑在马后扶着她。

古时候，在女儿将离别的时候，女家要送新郎一匹很好的马。现在这风俗已经没有了。

新娘的父母都不参加这宴会，但是她的兄弟，姊妹和伯叔父母都去参加的。

新娘起程时，所有尊长的亲戚都跟着她，后面是拿着礼的人。新娘一路上悲悲切切，靠在马颈的草袋上，头是用粗布蒙着。那种哭泣，那种忧伤，真是一首顶好的悲歌。她高声的喊着她的父母、兄弟、姊妹的名字；她纪念他们，回想他们给她的好处，给她的礼物；她又想起在槽棚里的牲口和她所住的房子……过一会，她对前途觉得可怕，公婆又都不认识，怕受他们的虐待，又怕人家用她母亲的名字骂她。她唱得很悲壮，很自然，又充满着感情；这些姑娘们早已学会了那一套，她们的嫂嫂会教她们，她们也会彼此相教，这是一曲流利的悲歌给人的感动不亚于一曲葬歌。①

一切的懊悔，一切的悲伤，一路上她并不向谁申诉，依他们的风俗，她是不许和人说话的。男家派了两班人在迎接他们，还有一班人在门前等着。前两班人在

---

①Timkovski，Voyage. 2卷，309页以下：古时代，有两个喇嘛到男家去报告说什么都很顺利。(据德译本，蒙古人并没有亲迎的风俗。从前出门那天晚上，只有两个人去送。)近结婚那天，新娘就去拜别近亲的尊长，在每家至少须住上一晚来欢聚。她去的时候，有她的朋友跟着一同去，就是在自己家里时，她们也都住在一起。并且用一个或两个晚上来聚欢，唱歌，聚着她的父母，朋友，邻舍一同热闹。古时代，当女子出门以前，喇嘛就行Sau tabikhon礼，接着就依着Gouroum ki kon礼来祷祈。当她离开家时，亲近的亲戚们在门口围着她坐成一个圈，和新娘离开得能多么近就多么近。(德译本：所有新娘的朋友都聚在帐幕里。)男家的人很为难，须得一个一个的窜过去。(德译本：他们是来接新娘的，但是没有说他们是从男家派来的。)他们就把新娘带出了帐幕。他们把她放在马上，把头蒙住了，绕着圣火走三次，于是他们就和许多亲戚一同上程了。新娘的母亲和其他亲戚就在后面跟着。新娘的父亲住在自己家里，并不请他出来，到第三天才去问他女儿的安好。迎娶的时候，时常遇着很强力的反抗，在她的朋友中有很强壮的青年男子(德译本作青年女子)，他们牵住新娘的袖子，或是系住在帐幕上。新郎送着酒肉在半里外路上迎接新娘和她的随从。她到达时，就被她的随从围住，一直到帐幕预备好了。她就进去，坐在床上，把她处女式的很多的辫子解开，把她红绳解下来，梳成两个辫子，再穿上已婚妇人的衣服。

路上和他们行礼，并且给他们茶和酒喝。在路上，他们烧着一个大火，请他们取暖和抽烟。他们下马，走近那火，隔一会，再走他们的路。

结婚庆祝总是整天地热闹。两家结婚的仪仗在路上遇着亦是常有的事。照例两家都停止了，新娘拿着一个新的梳子，用红布包着，和那个不相识的新娘交换一下，两方不必说话，彼此也不必相见，她们只很悲切地变换了彼此带着幸福的东西。这也是一幕小小的喜剧。

过路的人若在路上遇见结婚的仪仗，他们总是设法躲避，怕新娘背后跟着凶鬼，加害他们。①

13 新娘进门

迎娶的行列到达了目的地，有两个少妇在大门前等着新娘。她们的年龄和姓属一定要和新娘完全融合的，并且她们不能是寡妇或是孕妇，她们的孩子一定要是活着的。

新郎把新娘扶下马来；把她放在一个铺着红毡或白

---

①史禄国，80—81页：迎娶新娘的人吃过了茶就吃饭。一个有经验的老人就发命令，他一定得属于女家本族的（即主仪人）……陪着迎娶的人一同坐席的有女家族里的两个女孩和一个男孩。一清早，他们就起身吃饭了。新郎在吃饭时就偷了些筷子，走出院子。在吃饭时，女家的妇人就装饰新娘。在装饰时，新娘就啼哭，或是装着啼哭。等大家和她辞别了，主仪人就喊着说：新娘已经预备好了。于是新郎和他的人就一涌向着车子那儿跑去，很急促地把车驾在马上。同时这哭着扭着的新娘就被他的兄弟抱出来，把她丢在车子里，他们自己就急急的奔出这院子。不然，他们会被人拦住的。新娘的兄弟时常骑在马上护送新娘的车子。古代的满洲人和现在的满洲人略有不同。譬如：新郎只和他的助手一同走进新娘的房间……向着新娘的族神祈祷……此后，就坐在一只小的筐子上（养鸡用的）等候礼餐。礼餐预备好后，就请他坐在近门的右炕的下位上，而他的助手和赶车的却坐在主位。新郎和他的助手并不偷筷子。当新娘已放在车里，新郎就去谢他的岳母……离开之前，再向新娘的族神祈祷一次。女家父母、兄弟和其他妇女所送的礼在结婚那天的朝晨就送到男家去了。押送礼物的妇人就打开箱子，有种种仪式，让人家赞赏新娘的所有嫁妆。

毡的小炕桌上，后面还有一个小桌子，这小桌子上放着两杯茶和两盘馒头。在门口早就放着一斤糠。新娘站在毡桌上，两个伴郎就拿一瓶酒放在她怀里，瓶里放着一双筷，用一块红的布蒙着瓶颈和裹着筷子。于是新郎站在新娘的左边，站得很紧，使彼此的胳臂可以靠着，并且使她知道什么时候该动，什么时候该停。在他们进院子时，别人就一替一换的给他们在前面铺红毡；还有人往他们面前抛钱，象征富有；更有人往他们面前洒麦子，象征繁殖。这一对新人被人领到厨房里去，因为土人是崇拜灶神的，在那里有人把新娘所抱的酒瓶和筷子举起，并在灶神前把这些东西打开，新娘向灶神磕了三个头。[①]

我们已经看见在新娘离家的时候，有人把筷子扔在

---

①《蒙人之崇拜火》，N. Poppe 著，Asia Major, Vol. Secundum, Fase. I, p.141–142.

从上面所讲的，我们可以看出，有好些跟火神有关系。所以，初次跨进新屋门槛的新娘，一定得在家中火位之前鞠躬，是一点也不奇怪。这样一来，她就在火神保护之下，因为这火神同时是这一家的保护神。

她母亲的膝上，意思是她不再属于这族人了。在这里，她到了，给她另外一双筷，并且献给了灶神，她就加入了男家了。从那厨房，她又被领到新房里，她的头还是蒙着。有人在炕的四角给她放些钱，两包糖和一些红枣。

院子的四角里烧着四捆柴，他们希望烟冲得很高。一盏油灯放在上房的神像前，灯里有两根一样长的灯捻。这灯点上了，新娘就进新房了。大家很小心地看着这灯，并不动它，看着这两根灯捻，右边的先灭呢，还是左边的先灭。他们要看这两个新人谁的寿命长。右边的代表新娘，左边的代表新郎。

女家的送女客下了马，接着送给她的酒杯。她用手指蘸着酒，向四方洒过，然后再用嘴唇挨了一下。她接着送给她的馒头和茶，同样的洒过挨过。她做完这礼节之后，就跟着新娘到新房里去，把门在她后面关上了。若是他们不给她东西吃喝，婚礼就不能算完成。

当新娘走过门槛的时候，媒人站在院子当中，手里端着一碗煮熟的面条。新娘每次到厨房，进新房，经过院子时，媒人就得吃一口面条，喝一口杜松子酒。

其余请来的人并不立刻就进来，只在屋前站着。在那空地上摆着一张小桌子，桌子上放着一只煮熟的羊和几只羊腿，一个猪头和一些腊肠……桌子前面铺着一条红毡，上面坐着新郎的舅父。他的样子好像是一家之主，就像新娘的舅公在女家一样。在一个小火上，他们温着酒。

客人到时，新郎的父亲站在他们面前，两手照例拿着两个哈达。他向每个客人行礼，把哈达放在他们手上。这是欢迎的仪式。

男家的一个客人高声的说：羊将要分成五块，头一块将给舅父，第二块将给父亲，第三块第四块将给唱歌的人，第五块给主仪人。客人们吃羊腿及腊肠等等。这样分好了，然后带女家的客人进去。桌子是摆在院子里，它的样式和在女家的一般。

新娘的舅父和媒人坐在上位。他们倒上茶，送上蒸得很热的馒头。他们就喝起茶来，两个唱歌的，这时候就出来了。手里提着茶壶。喝茶的比抽烟的多。他们给一切帮忙的人斟上茶，这是一种规矩，请他们让位给男家的客人，使那些客人也能喝茶吃馒头。男家招待客人和女家招待客人的方法一般，把他们领到厢房里送礼，注册。①

14　女家送给男家的礼物

所有的客人都站在院子的一端，他们就把女家送来的箱子拿出来放在客人的面前，再把一扇门放在用桌子排成的长方形中间，在门上就把礼物打开。他们把陪送

①史禄国:82—3—4页:每一个客人都得送一些礼,价值不能在一元之下的东西,或是送钱。他们有一本特备的书,在这书上登记所有客人的名字和礼物。凡是送重礼的,就用红纸写上他的名字贴在近大门的地方。最后新娘和新郎到了。他们在院外下车。

给新娘的衣服也放在上面。送女客在屋里，很起劲的把东西摆出来。新郎的新衣服也同样的摆着。

女家的主仪人站在桌子排成的长方形中间，离圣火不远的地方。新娘穿上她的新衣服，头还是蒙着，离开她的新房，由送女客领着她到院子当中，站在红毡的右边。新郎就站在她的左边。彼此的胳臂紧靠着。他的后面有一个年轻少年，送女客就在新娘的后面。他们跪在红毡上，在他们前面放着一张桌子，上面点着两盏灯，四个角上放着四串钱。

主仪人开始他的说话："我们女家，请诸位客人、媒人、新娘的舅父母、伯叔父母和他们的儿女……"所有女家的客人便向前站在院子的前面。主仪人便用女家的名义给男家的客人每人一个哈达和一杯酒。接着又说："我有一句话要说，在狼面前，狗不敢吠，在大人面前，小孩不敢张口。若是我说得好，不要夸我，若是说得不好，还得原谅我……"

“在古时，直到地界划清了，我们祖宗才有结婚那件事。”（没有人给作者解释过这句话，也许是没有什么意思的，虽说土人社会组织是牧畜的而非农业的，但是事实上，现在土人的财产也是私有，各人所属都有分别，所以土地的划界是不成问题的。他这里提到的不是大家都不能记忆的状态么?）

“一代接着一代：当一个佛旧了，失了光彩时，我们就要重修，它就又新了，也美观了；当一件衣服旧了，我们就做新的，于是我们又体面了；当两家亲戚关系旧了，便得加上一重新的，于是关系便更强了。在你们家里生了一个男孩，像狮子一般好；在我们这里生了一个女孩，像一只‘khui t’ùshian’（一只神秘的鸟）。这是一对理想的配偶。但是这头婚事是怎么会成功的呢?（倒酒的人就给媒人倒上一杯酒并向他行礼。）天上若没有云彩，便不会下雨；地下若没有媒人，就不会有婚姻。[1]凡是太高的，你媒人就把他压一下；太低的，你就提一把；高的低的可以配得上了，一样平，好像在天平上。你筑平了路，使双方可以结合了。”

“在古时候，他们都要谢媒人的辛苦，往他们头上挂九尺布；但是我们穷人家的力量却只容许我们送你一双靴和一串钱。我们希望你不嫌太少。”

送过媒人的礼之后，就向新郎的舅父说话了。倒酒的就向他行礼并且倒了一杯酒。主仪人说：“一个男子若没有外家（母亲的家）就是说，母亲没有父母家的人，就表明他母亲的来路不很清白。若是一个新娘没有娘家，就是说，新娘的父母大家不知道，就表明她的家世有可疑之处。以前，送给新娘的舅父，他外甥的负责者，一匹好马。但是时代改变了，虽则你仍是一家之主，现在我们只能送你一个哈达，很美很大的，请你不

---

①比较 Anthropos, 6me Année p. 320, Schotter, Notes ethnog. Sur tribus du Koei tcheou：好像雷响电闪的预备下雨，媒人预备婚事。

要拒绝……”接着就向新郎的父母说：“平日你们的心都花在孩子身上，甚至晚上也不能安睡。本当多送你们些衣服和礼物，但是你们知道我们的家境；我们一伸胳臂，袖子太短，胳臂就露出来了，在晚上，一伸腿，被头太短，脚就露出来了。多么苦呀！若是我们能随我们的心愿做去，你们一定可以得很好的礼物的。”于是，倒酒的人，就走到祖父面前，行礼倒酒。说话的人又说：“祖父，我们替你预备了一条新毡子，可惜太窄，太短太薄了些，并且制造得也不好，是用脚踏的，但是请你收下了罢。”

倒酒的又走到祖母面前：“我们替你做了一件衣服，料子既不好，做工也不佳，就请你收下罢。”用着同样的声调，向着新郎的父、母等一一的说话，所说的东西见第十一节。这种情形是很好看的，大家眉开眼笑的，祖父坐在毡子上，衣服就给祖母披上，大家都很快乐。

主仪人最后就叫新夫妇了，他说："在古时代，新郎可以得几整套衣服，此外还要给他手里一张好弓，一个箭筒和几支箭，和一匹好马。不幸得很，好时候过去了，你的岳父母只给你……"见第十一节。

"你，我们的女儿，你也是生在现在，在古时，父母陪送的东西真多，需要用几个车子来运送，或用一群牛来载送。我们只给你这些东西（见第十一节），这些自然算不了什么：真好像我们送一个赤身姑娘给婆婆一样。"

"两位亲家，我们大家喝一杯酒很舒服，很满意。"于是，主仪人就高声发命令，叫新夫妇向大家磕头，每个客人都喝酒。[1]

15 结婚

严格的说，这时候才要举行婚礼了。这种严肃的仪式，使我们想起圣经时代来，第一是因为有很隆重的宗教色彩，又因为有老年的宗教领袖主持。

实际上，这件职司应当由新郎的祖父充当的。假使祖父没了，便由舅父充当。这老年的宗教领袖的称呼是很有意义的：他叫Śürō'dźin khun，意思是“祝福的人”。事实上，这位老人只发口令，向天，向众神，向家族跪拜行礼，并且由他祝福，让天和众神来实现。现

①P. De Smedt 曾给作者一个关于主仪人说话不同的记录，也是从土人中得来的，但有很多的遗漏。记录虽则不完全，但仍有保存的价值……“一只狗在老虎面前不敢吠，你们一定觉得讨厌，像我一样的一个小人物在你们高贵的众人面前说话。人家说一只小马不能快跑，一个卑微的人说话是没有意思的。你们若明白我的话，不必看得太重；若不明白，请你们不要取笑。一个旧的佛像要重修，一件旧衣服要重做，两家亲家，一代一代地要重新结亲……”其余和上述的差不多相同。

Timkovski，2卷，305页：（在蒙古人中）陪嫁女儿的妆奁除了衣服用具外，还有相当数目的羊和马。

在我们要说一说他们的宗教仪式。这种仪式在他们婚礼中占极重要的地位。它会使众人得到一种不平常的印象。

所有的客人都站着：新郎跪在新娘左边，新娘用红布蒙着头；送女客跪在她后面，同样的有一个少年跪在新郎的后面。祖父站在离圣火近的地方；他在极端的肃静中发命令说：

向天和众神行第一次跪拜礼。

这对新夫妇和伴郎伴娘一致地很安静的行三跪三叩的礼，每次叩头，额部都碰着地。

向父母及家中重要分子行第二次跪拜礼。

向母族诸亲戚及本族诸亲戚行第三次跪拜礼。

又经过了很久的肃静，他继续严肃的说：

你们能造七座农家房屋么？

你们能造有走廊的楼房么？

你们能每年多出几百只羊来么？

你们能放牧几百只马和几百头牛么？

你们能有很多的孩子，后来又能看见许多孩子么？

你们家里能生息众多，财物好像海水一样流涌么？

你们能和铁石一样长寿么？

你们能一天比一天富有，一天比一天有权势，好像火上加油么？

过一会，老人们和父母，在新夫妇的近处扔一些钱。送女客把新娘的蒙布揭起，领她到新房里。他们把点着的两盏灯放在院子当中，神像的前面，在那里这灯还要点着得很久，因为里面还有油。

在这婚姻的仪式里，令人注意的，就是它没有用有法术的萨满、喇嘛和土人；也不在庙里举行，而就在自己家里，在家长之下，在古代萨满圣火前，和“天和众神保护之下”举行。无疑的，在土人中，婚姻并不是很简单的两性的结合。老年人在祝福中，对于新夫妇所祈求种种繁荣，使他们清清楚楚看到人家对这种结合的希望，希望祝福的话，一句句都实现了；更使他们看到人家在这时候对于婚姻的重视，当然，他们不是把婚姻看作一种暂时的结合。①

16　新娘的开口

直到现在，新娘还没有开过口，她的头永远是用布蒙着。到结婚仪式行完之后。从她离家之后，真的一个字都没有说过。所有的客人都把眼睛盯住她，若是她出了一句声，就算作一种凶兆。甚至连生理上的需要也不

---

①Timkovski，2卷，311页：新娘穿着结婚的礼服，被领到她婆家去，在她是一件严重的事；她要和她丈夫的父母和朋友设法结合。在行礼时宗教领袖的演说时，她总是有布蒙着头，有一个领导她做各种动作的人，这人时常和她年纪相同。她起初站近那火，后来站近她丈夫的父母和诸亲戚，他们都高声向她称道。在这仪式中，给他们送上衣服及其他东西。岳父依着以前的同意挑选他所喜欢的东西。后来新娘就回她的房。

史禄国，82—3—4页：最后，新娘和新郎到了，他们在院子外面下了车……同他们一起来的送女客就用手牵着新娘到屏门……他们把新娘放在新郎的右边，烧着香。新娘和新郎就向天地跪拜三次。行过了礼，新郎就到前门来。一个喜娘，她在那时一定不能有孕的，在新娘头上放一块红绸，领着她亦到前门来，新郎就急急的抢了那块红绸放在他的衣服里。这样之后，他们就领着新娘到房里，坐在幕后的炕上。在那里她就呆着。没有人能进去看她，除了新郎要进去看她几次，他应当老是靠近这地方。新郎的父母就傍着他，也靠近这地方坐。在新郎和新娘吃合欢饭的时候，众客人就向新娘的父母道贺。这样之后，他们就预备设席请客。同时在幕后有几个妇人在举行“解除小小辫子”的礼。这个礼节在满洲人中，算是婚礼中最重要的，辫子解开了，把前额的发一一拔去（中国人称作“开脸”。——译者注）。此后就让新娘独自坐在幕后了。

敢满足。老法子就是不喝水。

她的口，一定要婆婆给她开的。

行过婚礼，她回到新房里之后，他们就给她摆上茶和馒头。婆婆来了，坐在炕上，向着她面，轻轻地说："从今天起，家里的事不要出去说，将来的事也不要说。外边听来的，也不要到家里来说。做新妇的口，对外边要凶（什么都不要说），对父母要顺从。"

新妇都答应了，口开了。从那时起，新娘在新房中可以同女伴说话了。被邀请赴席的妇女们都来向她问好。

17 筵席

两家的客人都到了席上来。[①]新娘的舅父、媒人和

①史禄国，84页：他们预备着汉人筵席。主仪人领导这仪式。自己族里的人，尤其是家里的人，等客人吃了之后才吃。快吃完的时候，他们在新娘那儿摆着"礼餐"有六杯六盘。新娘那时穿着已婚妇人的服装，面向着墙，新郎同一个童子一起进来，不看新娘的脸，在他未来的妻子面前第一次吃饭。这一天新郎要有六次去看新娘。

女家一切的客人都坐在上位。

这是一桌全羊席。他们总是先上酒。最先，男家的长辈给女家的人斟三遍酒。接着，新郎的父母起来亲自给新亲戚斟三遍酒。然后，新郎来了，给女家的人都斟酒。席上的情形，和女家的宴会一般。

18　男家送女家的礼物

他们开始分给每个客人一块肥肉，一只很重的羊腿。客人们把这些东西放在旅行用的口袋里。客人是不能空手回去的，空手回去是他们的一种大侮辱。他们能决定结婚筵席上能要多少肉。这里还带着游牧民族的风味，他们常和牲畜在一起，在他们的食品中肉类还是占大部分。

肉分完之后，新娘就到院子里去，牵一匹马来，马鬃上系着一块红布，牵进来的地方，就是那客人住的院子里，常有其他家畜，好像牛、羊、驴、马等等。

男家的主仪人在分给女家礼物的时候，照例的要说几句话。新郎给新娘把马拉了，跪在地下。

主仪人先呼新娘舅父的名字。唱歌的就向他行礼并斟上三遍酒。他开始念一句成语：“男出外家，女出娘家”，意思是说，男孩的身体和行为是出自他的母家，女孩子是出自她自己的父母。

“舅父，你是新妇家里的代表，我们要当着大家向你表示敬意。我们送给你一个大哈达和一只羊。按旧时的规矩，我们该送你一只牛，但是时代已经变了，请你收下罢。”古时代，舅父还要得到女家的一只牛，像男家给他的一般。过一会，他又呼媒人的名字，并给他斟酒……“在古时代，应该给媒人一整套衣服，但是现在和以前不同了……我们给你一串钱，希望你能满意……”

现在轮到送女客了。他们同她斟了一杯酒。他们给她四尺长的一块布，一只母羊，以及六百个钱。但是她还极力地再要求（这是一种风俗）。于是引起了会众的笑闹来。他们再照例给她八百个钱。

给小童子送了二百个钱；因为他曾骑马。送新娘的人，每个人都给了四百个钱。女家家里每个人都给了一个哈达。主仪人就坐了，他的事就算完了。

但是，还有一种仪式叫Suhuta的要举行。女家的主仪人和他们的几个长者突然发怒的站了起来，他们表示要从旧的规矩，反对从新的。在这种情形之下，他们还要求给他们几头牲畜。这方面也知道若不给他们几头牲畜，这宴会是完不了的。这时候，就需要男家主仪人的巧言和手腕了。他站起来说，两家的和气比几头牲畜重要得多，我们希望两亲家的关系能长久而和睦，两家一定要融合一致。苟其能满足你们要求的，我们无不遵从。你们去挑选我们的牲口罢，但是请你们给我们留下几个老的肥的，因为我们很穷；我们也得活下去的呀！但是和睦是最重要的，也是孩子们的幸福。并且不要忘记，耕地一定得用两头牲口，你们若牵去了一头，我们就不能在地上做活了。你们不要太计较一头牲口，为你们的女婿留一些面子。我们也知道这些风俗，但是现在已不是以前的时代了，风俗已改变了不少。

当在他说着话时，女家的一个客人已经把鬃上系着红布的马解开了，意思是这马已经被他们占有，应当把它牵走了。女婿就牵着这马到院外去。两三个女家的客人先出来，藏起了一打牲畜。男家很不满意……发怒……纷乱……哭闹……然后，新娘的舅父，就是女家的代表，站起来问丢了多少牲口。若是回答说丢了十个，他就说："啊，好！这十个是我们把它们牵走的。"失主很难过……他们讨情，……他们不许任何人离开这院子，……男家全家跪在新娘的舅父面前求他开恩。结果可以要回三分之二，或一半已失的牲畜。马和其他一只牲畜是已经牵走了，其余的要下一天才牵走。

这种情形并没有平安过去了。事实上他们知道男家早把好的牲口都藏在邻家了。他们除了几个老妇人之外，不给任何人看见，而这些老妇人老得连搬运都已听不见的了。

在这时候，我们可以看到这种人民的粗暴了。我们更可以注意到土人姻婚的互相剥削。两族一样的贪，每一族都团结得很坚固。为自己一族争胜的呼声很快地听到了：野蛮，不讲礼，不再有什么文明，什么礼貌了。全顿饭都在争吵和分辩中，也是不足为奇的。

在这时候，我们可见土人中的婚姻并不是一件无关痛痒的事。是一件全族的事，全社会的事，是高于一切的大事。

当这一幕过去之后，很自然的，凡遇见两家出来的人，总是要问事情好好的过去了没有……有没有出乱子……有没有破脸。

这时，主仪人的地位的重要亦可以看见了。他一定要防止有什么困难发生，他一定要决定什么时候该让步和让到什么地步；他一定要有必需的手腕，合宜的词令，使他们都愿意听。他应当留心听双方所说的话。

在两种情形之下，土人们血族的呼声最野蛮，最可怕：一是在结婚仪式终了时，一是在媳妇自杀后的争论时。

有一家姓贝的嫁一个女儿给姓李的。贝家有一个祖父是出名贪得无厌的。他和主仪人约好要向李家马槽里牵一匹极好的马，这马在当地是有名的。到那里牵马时，那马却早就不在了。他们找遍了他们父母家和邻舍，那马还是没有……他们就破口大骂，甚至动手了。宴会也就这样完了，既没有喝酒，又没有分离别的礼物。

到明天贝家到土司那里去告发，说李家不依风俗做，也没有分离别的礼物，而且打架了……受伤的一方要求赔偿损失和道歉行为的野蛮无理。

Eul-kou-long（西宁之北）的黄喇嘛寺

除了少数之外，其中喇嘛全系土人。

地方上的长者到贝家来，劝他们和解。他们商议……吃饭……结果由李家道歉，送一只羊给贝家，于是两家又重归于好。

当这危险的关头过去之后，他们喘了一口气，赶快斟上酒，为的是把那些鬼神送跑了。大家又都坐下来，吃汉人的面。

男家请主仪人来分离别的礼物。这是叫“补分子”

以完成这宴会。规矩是给新妇的长辈每人八个馒头，两块肉；平辈和小辈每人给四个馒头，一块肉。他们并想到凡应来而未来的人，也给他们预备馒头和肉。请去的客人在晚上还家时亦时常见他们带着一二个馒头和一二块肉。若拒绝这些礼物，便算没有礼貌。他们说，在古时，在分别时，男家要给女家送“喇嘛份”，有八个馒头和两块肉。女家在第二天就带到喇嘛庙去。

这喇嘛份的风俗，现在有些地方还存在。不过带到喇嘛庙里去的风俗则已经没有了。

19 客人的散去

结婚的宴会多是在天黑时才完毕，客人大多是到那时候才散。不过总有一部分人留在那里，整夜地饮酒，唱曲。

当客人们走时，他们总是把新妇关在屋里。规矩是不准新妇同客人说再见。在离别时，男家和他邻舍的少妇都到门前，带着一瓶酒献给上马的客人。离别在他们只是快乐。和面的女人来抹污客人们的身体，捣乱，追逐，有些女人拉着男人，抹污他们，一方就想躲避。客散时总是非常喧哗。他们把喝醉的人扶在马上，他们去了又回来喝一杯最后的酒……这宴会里有很多的人喝醉，在那天，他们可以证实那句俗语，“骆驼看见了柳林，便不能再支持，土人看见了酒就管不住自己了”。新郎在那天夜里到新房里去，那里有新妇和送女客。门还是开着，男家家里的人和没有去的客人还有仪礼要举行。最先新夫妇向送女客行礼，她就对他们说许多庆贺的话，并倒了两杯酒，用红绳拴在一起。他们二人一定要一同把这酒喝了。送女客接着一连倒了三次，这时候外面看的人都热烈地欢笑庆祝。这一对新夫妇第二次又给送女客和大家行礼，表示道谢的意思，于是送女客离开他们，替他们关上门。三个晚上，这屋的灯是不许灭的。[1]第二天朝上，送女客去给新娘梳头，梳成已婚妇人样式的发髻。

20 婚后的拜访

宴会后三天，新妇的父母到新亲家来拜访，称作“开一路新路”，意思是认一头新亲戚。他们带一瓶酒，几个馒头，几条鱼。他们说是为请女婿来的。规矩是那天的饭一定要由新妇预备的。他们要试试她烹饪的手段。端菜和收拾东西都是由她动手。客人往空盘子里给她扔些钱。晚上，客人都回家了。

---

①史禄国，(?)86页：在满洲这项礼节是十分复杂：他们在地上放一只桌子，桌子上放两支蜡烛，两小杯汉人的烧酒。大家从这屋里赶出来，一个老年妇人牵着新郎新娘的手领着他们绕桌子走三圈，给他们喝三杯烧酒，再把新娘的手交给新郎；在这时候，主仪人走近这屋子，手里执着一个火把和一篮黑豆，嘴里唱着婚歌，唱两句，向窗洒一把黑豆；一群客人就跟着他顺一句。换手的礼行过后，客人们就进新房。第二天朝上，新夫妇到院子里、房屋里和厨房里去向各种神祷告和行礼。并到祖宗墓上去行礼；回来后，新妇就站在大门口给丈夫的家里所有的人装烟，点火和请安。在炕上全夜灯火不熄。

下一夜就要行查验处女的礼。

下一天，新夫妇和新女婿的父亲三人一同到女家来回拜。他们带着两瓶酒和几个馒头。新夫妇向长辈们深深地行了礼。晚上，父亲和新女婿一同回家，新妇就在女家留下。选了一个好日子，才由她的兄弟把她送回男家。①

21 新夫妇和女家的关系

a. 已嫁女儿婚后和娘家的关系

新妇是加入了丈夫的家庭了。我们已见在她到达男家的门前时，他们给她一把筷和一瓶酒，接着她就被领

①Timkovski，2卷，312页：一个月后，新夫妇和他的父亲或是近亲一同上路来拜访新妇的父母。这次之后新妇几个月或一年之后才再回去。(德译本：她一住常有几个月，甚至一年。)她这一次回娘家特殊的意义就是去取牲口，算作她陪嫁的一部分。她的父母因为爱他们的女儿，凡是能力所及，总设法给她些东西。富裕的人家常给他们的女儿一百头各种的牛。

史禄国，89—90页：结婚后十一天，新夫妇到女家去。时常只是他们两个人去，但也可以带一个赶车的同去。没有严重的仪式。新妇的母亲和亲戚们在门口接他们，他们吃一顿八杯九盘的“礼餐”。这一次新夫妇并不在女家住久，而且绝对不能在女家住夜。这一种禁例，只用于这第一次。此后他们就能住夜了。这一次归宁之后，再等五天，新妇重又回家一次。这次她一定要坐她娘家的车，用她娘家的马拉着。回去就住上十五天。这种风俗就叫“回门”。

到厨房里，向灶神跪拜三次，献上那瓶酒和那把筷。

以后，她称呼婆家的人时，就依她丈夫的称呼。对第三者提到婆家的人时就加一“gadin”，意思是公婆。

男家把她买来了，成了他们所有的了。她的娘家对她没有权利了。普通总说女子出嫁之后，和娘家的关系似乎是断绝了，或者，至少是减少了。但是事实上却并不如此。女子出嫁后，时常回家而且居住得很久，和她的娘家的关系还是继续不断。而且她把她宝贵的东西和衣服都放在娘家。

规矩是在正月女婿率领妻子子女去拜访女家。他的妻子就留住在娘家十天或二十天，甚至有一个月的。过后，她的兄弟把她送回婆家。五月五日丈夫又和妻子到岳父家来作第二次拜访。这次住的时候较短，几天后她的兄弟便把她送回婆家了。八月十五，他们又作第三次拜访。这一次她住十五天或二十天，甚至一个月。第四次的拜访是在十二月，她大约住二十天。她的兄弟把她送回婆家去祭灶。祭灶一事，媳妇无论如何总要到的。每次来去都骑马。丈夫当天或次日就回家。

当两家相距太远时，譬如说，须有两天路程，媳妇每年只能回娘家两次。第一次是在下种以后，大约在三月间，回家住一个月，第二次是在收完麦子之后，大约在十一月间，住一个半月，甚至两个月，总是到祭灶时候才回来。

年逾四十的女人，也能回娘家，只要她和娘家的人感情好。

除了这些照例回娘家的时候，若是家里有了病人，有了婚丧凶吉的事……每次都缺不了已嫁的女儿。

以上所述的只是一种风俗。事实上，归宁一事是由许多环境所决定的。女家若太穷，供给不起他们女儿和两三个外孙的膳宿，那末女儿回娘家的次数便少了，住的日子也短了。女儿和她娘家的感情若不很亲密，自然她便少回去了。若是娘家的父母都死了，她的兄嫂等便少接她回家了。子女若太多，不便都带着，就不愿意时常和很久的离开了。夫妇间感情若好，婆婆待遇也好，自然她就不时常想回娘家了，不然，回家的次数自然特别的多了。

普通，因为媳妇回娘家的次数太多，时间又太长，常会引起两家的不和来。多次的归宁造下许多误会的机会，结果可使她和丈夫间意见不合。归宁期中，媳妇们常喜说婆婆的坏话；她父母为了要女儿生活较好些，就给她的公婆去为难。但是结果不但不能改善他们女儿的待遇，反而更艰难了。

在出乎常态的归宁方面，还有一种风俗，在一个父权组织，大家庭制度，妇人为她丈夫及男家家族所有的社会中，是很少见的。这风俗就是妇女们把她们宝贵的衣饰等放在娘家而不放在夫家的风俗。在娘家，她有两三个箱子，由她父母保管，她自己带着钥匙。有宴会时，她便到娘家或差人去找她出客穿的衣服。在夫家，她也有一两箱衣服，但都不是贵重的，或是孩子们的。这一种风俗对于她丈夫和男家的人并不引起厌恶。事实上，妇人们在婆家不光明的拿了东西便放在这“坚固的箱子”里，这箱子也是放那些追逐她的情人们所送礼物的地方……土人也知道这个风俗的弊病，但是他们都没有力量把它除掉。①

b.女婿和岳父母的关系

女婿称呼他妻家的人时，像称自己家人一般，但对第三者说话时加上gadin一字。

他每年有两次去拜访他的岳父母，第一次是在新年，第二次是在八月十五。其他如女家有病人，结婚，

①史禄国，61页：新妇须在丈夫的族神前祈祷申述，和到男家祖坟上去拜祭，用以代表她已收认作丈夫族中的人了。除此之外，在结婚仪式里，她还有其他的礼节用以表示已加入了丈夫的民族了。北通古斯人的妇女，在她们已嫁之后，和丈夫的氏族的关系并不十分密切，而且她们常被认为是属于她自己母亲的氏族。在她丈夫的氏族中，她保有她自己的族神，她决不能和丈夫的族神发生密切的关系，像生在丈夫族中的人一般。

生儿子，以及丧事等，他也得去参加的。

我们可以注意的就是他在宴会里或丧事里，总是很活动的；不和其他客人相混，不和客人们同桌吃饭；好像是女家家里的自己人；他帮着预备一切，在客人到达时，他去迎接，他同岳父母家的人一同在厨房里吃饭。当岳父母有要他出力的地方，譬如他妻子的姊妹有自杀的了，或给男家摈弃了，他就得出头帮他的岳父母。但是俗语说，亲戚的关系不应太亲密，应当躲避钱财的往来。①

①作者将在这注里根据Savina的L'histoire des Miao，2meédit.，1930，p. 226-7-8-9，简述土人和苗人婚俗的相似处。在民族学上的重要性，参考P.W.Koppers，Die Frage des Mutterrechts und des Totemismus im alten China，p. 996，Anthropos，1930.这样说来，通古斯人与东胡人，(Tung-hu)同出一源，是如此可能，……然而，如我所能证明苗人与通古斯人[原通古斯人，Pra(准)中国人]之远古的关系，也是同样的可能。

B 再醮

提要 1 寡妇的权利，理论的和实际的 2 买卖寡妇的手续 3 寡妇的离家 4 算钱的规则 5 寡妇的结婚 6 两个强抢寡妇的例子 7 土人中抢亲的遗迹

1 寡妇的权利，理论的和实际的

当做父母的出嫁他们的女儿时，他们说，“我们把女儿嫁出去了”，或是说，“我们把女儿给人了”，或者甚至带着一种嘲笑的口气说，“我们把她卖了”。这样说都是很清楚的表明女儿的出嫁，并不是她自己的事，而是她父母的事。反过来，当一个寡妇再醮时，他们就说，“她找着了一个男人了”；意思是说，她是自己去找她丈夫的，她完全是自由的。俗语说，“前嫁由爹娘，

后嫁由本人”，就是指她们第一次结婚是由父母作的主，以后的结婚就和她们的父母无关，由自己作主了。

以上所引的几句表示两种婚姻性质不同的话，以及那句俗语，却说明了一个妇女做了寡妇时的两种情形。完全在她自己，她愿意再醮或愿意守寡，她可以选择她所愿意嫁的男子。至少这是一种理论。实际上，只有她的决定对于她所属的人没有损害时，她的权利才被尊重，有时她甚至会被公婆强迫再醮，也有意会被不相识的男人所抢走。这就是说，“事实和理论是不同的”。我们且不要管这些，在发生诉讼时，无论什么地方的土人，寡妇的权利常是要提出的，而这些权利是辩论的基础。

在丈夫死后，依照风俗的成规，寡妇须回到婆家住四十九天。这些日子称作守孝。日期过后，她可以明明白白的离开她的公婆回到娘家来。这是她的权利。

作者知道不止一个例子，寡妇并没有过四十九天便离开婆家了；她们可以随便走开。这种例子多半是出于公婆所逼，把她嫁给她不同意的人。寡妇的权利不是一定的，一个寡妇若没有孩子，她便须赶快去找对象，因为她知道，她自己若不去找，别人就替她去找了。①

2 买卖寡妇的手续

一个寡妇在她丈夫死后四十九天回到她娘家来，那一天，全地方都知道了，而且大家知道她在等待嫁人了。有心的人得到了这消息，便去托媒人，或由自己亲自来和寡妇会面。这种会面都在邻舍或朋友家里。如果谈判有结果的话，双方就交换一些东西，女的就给她的耳环，手镯等，男的总是他的腰带。这一种交换饰物，

---

①史禄国，70—71页：关于寡妇和她的再醮，有几点特别的地方。寡妇可以依自己的选择去再醮。她的族人(她丈夫的族人)不能强逼她。已过丈夫的弟弟有抚养他嫂子和她儿女的责任。寡妇有权利可以要求和她丈夫的其他家人分居，在这情形下，她承继她丈夫所有的财产。

54页：若是寡妇向Mokunda(族长)声明她不愿再醮，而她已过丈夫的族人一定要她再醮，族长可以出来判断，而常顺从寡妇的意见。

在发生纠纷，争风，或对于寡妇有所有权的人出来拦阻时，发生法律上的效力的。在见面后不多几天，他们便很仓促和很秘密的进行婚事，因为怕被别人强抢了。两个媒人就去见寡妇的父母。他们照例送酒，并商议婚价，但这并不是很重要的。普通，婚价不会超过十二串钱。这纯粹是形式上的手续罢了。他们离开女家，极端秘密的来找她的公婆，征得了他们的同意和商定了价钱。实际上，公婆是寡妇的所有者。

公婆若同意了，并且也答应了所讲定的价钱，他们就送给公婆一瓶酒；否则，他们便把酒带回，商量如何去强抢这寡妇，愈快愈好。若是进行得顺利，媒人们在第二次又到婆家来时，开始就允许给婆婆两块茶砖，称为“开口钱”，接着再允许给公公十二串钱，称为“主婚钱”。[1]此后，他们就商量寡妇的价钱，普通的价钱总是在一百五十到二百串钱之间。此外，因为还要写一

---

①史禄国，75页：若是所娶的女人是个寡妇，满洲人就不给婚价(kalin)。

张婚书，婚书上祖父，伯叔，兄弟等都得签字，他们又得商量这价钱和签字的人数。每签一字就得给三串钱。

这些都称作“明钱”，意思是寡妇公开的价钱。常有家里的任何一人，暗地里知道了这事，出来反对这头婚事，于是又发生麻烦了。

通常，这些亲戚出头为难的多半是为了想得一些钱。这种交涉是个别的，而且是很秘密的，所争的钱称作“暗钱”，这种钱花得却不少。这些都是娶寡妇的花费，特别是娶来当二房的，就得看男家的底子了。

当公婆已经同意了，价钱也讲好了，求婚的人一定要守这规定。双方意见既一致，就不再提钱的事了；这钱须等寡妇过门的时候才付。我们可见这和处女的结婚正相反，后者一定要付清了最后的钱，才离开她的家。

在这种婚姻里有许多料想不到的事可以碰到：寡妇可以欺骗她的求婚者，公婆可以来一套野蛮的举动，父母也可以同样的做，一个不相识的人可以用强力把她抢去……为了这个原因，媒人在寡妇没有娶过门时是不敢要钱的。也为了要免去以后的麻烦，所以要请婆家所有的人都在婚书上签字，这是在娶处女时所不见的。这婚书要把寡妇娶到后在男家签订的，买她的银子就放在桌上。他们说，古时他们换过婚书，并把寡妇的饰物分为两部，两方各得一部。

晚上，或是夜里，不使任何人知道，才去迎娶寡妇。这种举动是出于他们明白土人的心里，就是寡妇是知道有人来娶她的。若是寡妇曾选择了对象，而谈判决裂之后，她就不敢离家，晚上请了亲信的男子，带上武器看守她。她的父母一定要给邻舍一些塞路钱：他给邻舍些钱，在有人来抢女儿时，可以出来保护。

3 寡妇的离家

一队有十几个或二十个男人，执着大刀，棍棒，铁具……在半夜里，轻轻地，不作一声，来找那寡妇。危险性越大，他们带的人也越多。寡妇就住在娘家，或住在约会好的地方。寡妇的父母要等到媒人把“应亲钱”交出之后，才放女儿走。“应亲钱”就是合作成婚的报酬，普通是十二串钱。钱给了，他们不肯多费一刻，立即把寡妇扶在马上，武装的男子把她围着，急急地，绕着路回去，怕出什么乱子，保护着安安全全的到男家。

到达时，她从马上下来，他们立刻在门前点起一个大火来，给寡妇些纸钱，让她烧给已过的丈夫。她跪下，向这烟纪念她的前夫；接着，她再祭一杯酒，她站起来，望空中看了一会。这叫作“望后看”，就是向她前夫辞别的意思。她从火上跨过，为的是使那些跟着她的恶影响或恶鬼，可以因之吓跑了。

跨过了火，她把她的小帽子拿下来，再把头发解开，才可以进门，头发就杂七糟八的盖在帽子下面。她依着她今后所属的氏族或乡村中妇女们所有的样式去梳她的头。

男家请武装队伍吃一顿饭，有馒头、肉、茶、酒等。寡妇同男家的妇人一同喝茶。

4 算钱的规则

寡妇到现在还是不十分安全，算钱也许不按规矩了，婚书也许还没有签字，他们从一早便忙起这些事来了。媒人暗地里给那些捣乱分子一些钱，并且和寡妇和她的父母把一切都讲妥当。这些事并不在男家做，而是在邻舍家或偏僻的地方。给处女的身价是整份的，而给寡妇的却是很吝啬的支付，甚至以六百钱算一千；现在更有用牲畜来折钱，估价时总比实价高出一倍；给布时，总是说很高的价钱，并且把一块布撕作两块。这就是出名的“寡妇钱”。这种办法是土人从汉人那里学来的，汉人在相同的情形也是这样办的。

虽然这种办法已成风俗，但是也有为了算钱的事引起争执来。婚书就在那天写就签字；签字的人都有钱到手。他们给岳母一块茶砖，为了她同意这门婚事，给岳父的是那“主婚钱”。

5　寡妇的结婚

若是赶得及，婚礼就在那天举行，不然，就在下一天。男家把新娶过来的寡妇的父母，伯叔，姑姨，兄弟，姊妹等都请过来。算上媒人，一共约有八个，十个或十五个人。

照例的他们预备下茶、馒头、酒等请客人。寡妇的父母给他们的女儿一件新的长褂，给女婿一顶毡帽和一根腰带。普通，他们也给婆婆一双鞋，公公一个哈达。

神像前面放着一张桌子，上面放着两盏点着的灯，桌前铺一条毡子。寡妇穿上她父母给的新褂子，新郎也戴上新毡帽，束上新带子，两人先向着天和众神行汉人的大礼，然后向父母和家中的长辈行礼，其次向亲戚和族人行礼。萨满的火便熄灭了。

岳父给女婿四串钱表示认亲戚了；全家一致很客气的推辞。他们给写婚书的和媒人三串钱；并且请他们吃一顿饭。在客人告辞时，并不给他们肉，只给些馒头。

按风俗，娶寡妇的仪式是非常的简单；在婚姻中占第一重要地位的舅父，并不到场。娶寡妇时最大的顾虑就是争风的人来捣乱，希望能平平安安的到新家就好了。

6　两个强抢寡妇的例子

从下面的事实里，我们可以看到土人对于寡妇再醮的心理。

在捘布沟地方住着一个寡妇，名字叫夏红。在几家岭地方有一个姓陈的想娶她，可是他来得太晚了，她已经和别人订了约了，并且已经换了饰物了。姓陈的愿意出任何代价一定要娶她。后来，他想用强力来抢她，他见了寡妇的公婆先给他们寡妇的身价，若是把这件事告到法庭上去，他们一定要使强抢者赔偿婚价，寡妇才能归他。姓陈的找了三个亲信的人，给他们武器，准备在那天迎娶寡妇的夜里，在对方的队伍里把她抢过来。他们在路上等着，但是那队伍却并没有经过。他们觉得这是奇怪了，就决定上寡妇的家里来，打一次架，把寡妇抢到手。

姓陈的当这一队的首领，寡妇的侄子指点那屋的门路。他们冲进院子，打开了门，把女人的嘴塞住了，四个架着她，把她放在马上，急急的跑了。当时，那侄子帮他们看着那狗，并打开那大门。

他们走时非常安静。走了十五里，他们就到家了，把塞着那女人嘴的东西拿出来，并且把捆她的绳松了。他们听见那女人在暗中说他们抢错了人了，不觉大惊。她是一个和寡妇作伴的邻舍；她已结了婚了；她的丈夫还是很好的活着。他们所要找的寡妇，在危险的那一刻藏到箱子里去了。真糟！

怎么办呢？把妇人送回去是件多丢脸的事；并且她

也不愿回去。

第二天这件事全地方都知道了；寡妇的父母和那被劫妇人的丈夫便到姓陈的家来商量送那个妇人回去的办法。村里的长者都认为这是一桩失误，希望大家能和平解决。

由作者的调停，他们摆了一桌酒会商。商议结果是用马把那妇人送回去，用乐队前导，放鞭炮，再送一只羊，羊颈上拴着红布，还说许多道歉的话。全乡的人都笑这个不幸的侄子，帮人家抢他的姑姑……那寡妇就嫁给她所选择的男人了。

另外有一件事也很有趣，而且可以使我们看到土人对于强抢寡妇的心理，怎样地默许这件事。

在扁担地方有一个寡妇，经过说合的形式，那天晚上便被接到拉岭沟陶家去了。姓陶的是个出名吝啬的人，所以名誉很坏。身价都早已讲定了，他还是找媒人争吵。他心怀恶意：寡妇已经接到家了，他想拖欠应付的钱，所以他跑了，讲定的婚价一点都没有给。过了三个礼拜，事情还是这样搁着，钱还是没有付，婚书因之还没有签字。于是在一个有塔的院子里，离开陶家有二里多路，他们重新集会。乘姓陶的不在时，东沟一家姓张的，带了几个心腹的人，白天去抢新婚的寡妇。也许她已经同他们暗地里讲好了，因为已经和新丈夫住了一个多月，她可以自己决定；同样的可能，也许是那些媒人和寡妇的父母在那里闹事；也许是那些不同情于姓陶的邻舍引来的，因为有人来抢寡妇时，他们并不出来调停。姓陶的便到城里汉人官厅那里去告发。判决的结果是把寡妇送回娘家，姓陶的和姓张的都不得娶她。

按照土人的规矩，寡妇是应当归姓张的，因为姓陶的还没有出钱，对寡妇是没有权利的。

7　土人中抢亲的遗迹

从前几节里，我们可以结论说，一个男子出钱买个妻子是合法的。抢掠寡妇也差不多是大家所公认为合法的，只要和属主讲好就行。

我们很可以想到古时强抢的风俗是很盛行的，大概处女的婚姻也是这样。当女婿带着同伴找新娘时，门为什么关上呢？为什么让他进去时还要向他头上射水？这很清楚地是向女家的攻击。当他们在门口唱曲并请求开门时，我们很可以遇到种种不自然的样子，而且一点都没有节拍。他们所唱的又于事无关，而且都依着风俗规定的一套，所有的对话亦是如此。为什么未婚妻头上一定要蒙上一块厚布，不许她看见任何东西，直拖到头颈，用红绳捆着呢？这岂不是等于抢一个人时把他眼睛蒙上么？把新娘带出屋时为什么那样的仓促，开门时又为什么这样响，带出时又为什么这样慌张，新娘又为什么这样哭泣悲伤呢？

并且，她父亲骑着马绕地三圈，舞着 iang hotia，高呼他女儿的名字，女儿在场中，在马上，悲悲切切地回答，“我在这里，是的，在这里……”这不是追逐的拟态么？还有一种风俗，就是在新娘离家时，家里的和邻舍的妇人女孩，跟在后面追赶，阻拦去路，这种带有抢亲意味的风俗，还用解释么？他们称这种风俗叫“追新姑娘”，不是更明显么？

再想那个在马上骑在新娘后面的人，扶着她的胳臂，不是抢掠的样子么？为什么未婚妻一路都哭泣，并且不许她同人说话呢？

新郎自己，下了马，亲自捉住新娘，把她和她的同伴一起关在房里，不给她吃，又不给她喝。为什么一直到婚礼行完。新娘总是静默的呢？

你们还记得那宴会么？散席时有抢牲口，并且因之引起纠纷，这个岂不是表示新娘的父母因为他们抢了女儿而报复么？……直到现在还是这样，宴会常是因了争吵和打架而散席的。

总之，这些细节都证明在以前曾有抢掠处女的事。[1]这些事实或可以作其他的解释，但是一方面现在还有抢夺寡妇的事，此外，还有许多非用“抢亲”不能解释的风俗，能否用其他的解释呢？也许有人可以说，村中少女的追逐，是因为她们和新娘的感情好，但是为什么她们拦着马不许走呢？还要称这种风俗作“追新娘”呢？有人也许要提出异议，新娘是她自己的兄弟把

---

①史禄国，76页：“若是一个女子在婚前有孕了，婚价就不给，或隔了很久才付。在这种情形下，她是可以强抢的，不用举行结婚仪式。抢亲常是由新郎自己出马，五六个族人帮他。抢亲之后，常接着向新娘侮辱和强暴。若是她哭着呼救，她的亲戚并不来干涉的。

“只在这个情形中，满洲人才用‘抢亲’这个词。其他直接，或间接和抢亲有关的风俗或这风俗的遗迹，在满洲人中，已不易见到。”

此种仪式举行之后，他们立刻把一块红绸蒙上新姑娘的头，新郎就急急忙忙地把新姑娘带走了，依作者看来，这也是应当用“抢亲”来解释的。同样地，作者还看到一种抢亲的痕迹，就是新郎和他的人到女家时，女家的门是关着的。除了抢亲之外就不能解释的种种风俗，好像娶新姑娘时这种的急促，把她丢在车里，愈快愈好地驾上车，出了门才整理车子，等等。

Schotter, Notes sur les Tribus du Koei-tcheou, Anthropos. 6me année, 320页：（在黑苗人中，Hé-miao）抢亲是默许的，借此可以省钱。342页：在Song-kia-tse人中亦同样可见抢亲的痕迹。

Dr Herbert König. op. cit. p.119-120-121：正如Graebner之论古澳洲文化，他（Schmidt，Koppers）以为游牧民族以及可以算为其北支之北极民族，当以掠婚为合法的制度。所以这样说是对的：几乎所有的北极民族，无不有以强力夺女为妻，而且屡见不鲜……至少以前（掠婚）也许曾经一度成为合法的风俗。

她带出房的，而且坐在她后面扶着她臂的也是她家里的人。但是我们得顾到当时新娘出门的情形：大家忙着跑，门又关得响，新娘又哭哭啼啼……自然的，在抢劫时不会是她自己兄弟拖她出门的，也不会是自己家里人扶着她的臂的。

我们这里只是在追想古时的风俗，还属于一种原始社会的组织的风俗。现在的土人们已不再能了解和记忆了。所以我们对于那些没有意义和反常的事不必觉得奇怪。而且，原始风俗的普通法则大家也已经不明白了。越是往前推，能懂得的越少，不明白之处也越多。

C 多妻

提要 1 多妻制的存在，但并不普遍 2 多妻制的四种类别 3 纳妾的手续 4 妾和妻地位的比较

1 多妻制的存在，但并不普遍

若是我们明了了土人们必需有男嗣的心理，若是我们从他们对于有孩子的寡妇在家庭制度中的地位所具的观念，以及他们把妇人视作一地方工作所必需的心理来设想，多妻制度是自能预料所及的。但是，若是我们想到一般人民的贫穷情形，多妻制度的不会普遍，亦是意中之事。多妻制的问题中，经济状况是最重要的因素。

现在土人还是务农为业，所住的地方并不是一块适宜于工作的“允许地”[①]，气候很冷，且多山地，土壤又瘠薄。所以，若是养两个女人和她们所生的子女，是一个很重的负担。凡是娶多妻的不是家境较好，就是出于环境所逼。现在我们要来考究多妻制的各种不同的类别了。

①“允许地”见圣经指上帝特许肥沃可耕之迦南地，等于是指“好地方”。——译者注

事实上论，多妻制在土人眼中并不认为是坏的，他们以为是高贵的人所做的事。

娶妻的数目有限制的么？一个人可以娶多少妻子呢？多妻的人都是高贵的人么？不必这样追问。作者没有看见过有一个人娶三个妻子的例子。作者亦从没敢说过，土人中有超过这个数目的妻子。

2 多妻制的四种类别

a. 多妻制的第一类别：妻子不能生育

这一种多妻制是出于没有儿子，或需要更多的儿子。在土人眼中，男孩子较什么都重要。这一种心理使他们甘于受穷苦的生活，分他们已经很少的食粮给新生的伴侣；也是这一种心理使为妻的愿意丈夫纳妾。在妻子有异议时，不能生育就是一个有力的理由，可赢得全家的容忍和同意。通常，无论一家经济状况如何不能容许这件事，不能生育的妻子还是要和一个偏房做伴。[1]可幸的是，不生育的妇女是很少的。

在小康之家，普通我们常能看到纳妾的事，大多只有一个或两个；同时在富裕的家里不常娶两个妇人，所有的孩子也很少。这种情形应当怎样解释呢？

土人中的多妻问题，在实行上是极微妙和复杂的。土人中的妇女在家庭中的地位远超过汉人的妇女；土人的家庭生活较之汉人更为亲密。妻子对于丈夫的控制也在汉人之上。因为学校很少，男子中有知识的人很少，所以女子在这方面并不见弱于男子。若是一个妻子得到了丈夫的欢心，或是生了一两个孩子，她就可以不许丈夫往家里纳妾了；或者她去找她的父母，他们就可以提出反对的话来，或者她自己用自杀来恐吓。若是我们知道妇女的嫉妒是多么凶，自然还可以想到许多其他的办法……我们可以知道，事实上，多妻会引起无数的

①史禄国，64页：一般说来，满洲人并不把多妻看做一件好的制度，除非是出于妻子不能生育。在这种情形下，两个妻子分别以做“正室”(grand wife)以和“偏房”(secret young wife)的妾相对称。

困难。

一般说，若是没有严重的原因，好像不能生育，或是下面所要列述的原因，单是好色等卑劣欲望事实上是不足成为多娶妻子的理由的。

b. 多妻制的第二类别：寡妇或“叔接嫂”[①]

除了无子乏嗣的最重要而积极的原因外，还有一种消极被动的原因可以发生多妻。这种多妻的原因并不是出于妻子本身，而是出于她所处的环境，就是死去了丈夫的寡妇。

一个年轻的寡妇，普通都已有了几个孩子，丈夫死了，生活在那时总是很烦恼的；再嫁罢，给一个不相识的男人，把孩子撇下，将来的生活就很悲惨了，抛了的孩子怎能生活呢？在家里守寡罢，年纪又轻……那时也

①le lévirat 系兄死弟娶其嫂，江苏土语对这风俗称为“叔接嫂”，今用此名，取其简明。——译者注

许她的孩子中有二三年之后就可以结婚了……当婆婆是很快乐的。她婆家明白，她自己也明白，若是这生育力很强的女人走了，他们要失去许多孩子。在这种情形之下，在死者过去了四十九天的时候，婆婆就劝她不要离家，让丈夫的弟弟娶她。若是丈夫的弟弟们中间还有没有娶亲的，他们便把他和嫂子说合了，两人年龄的差别在土人中是不计较的；若是丈夫的兄弟都已娶了亲，就给她丈夫的兄弟中任何一个做妾，不管他比死者大或是小。

这一类多妻在有孩子的寡妇中是极普通的，就是叫“叔接嫂”。虽则依理论上讲，在丈夫死后四十九天之后，寡妇可以回娘家，另行挑选配偶，但是时常再嫁给死者的兄弟做妾，为的是可以守着她的孩子们。①

①史禄国，64页：寡妇可以任意嫁给她丈夫的族人，除了丈夫的兄弟，但是这种婚姻是算作和异族男子结合的，因为那种叔接嫂的婚姻型式在满洲人中是不行的。70—71页：若是寡妇有个儿子已满十二岁，她就不准再嫁。若是一个鳏夫，他们结婚前后所有的儿女间是不许通婚的。——作者：这种情形在土人中是没有的。

李土司是土人中一个很重要氏族的“实际首领”，他赞成兄死后，弟娶其嫂作正室或偏房。汉人反对这种结合，李土司不愿伤他们的感情，不再坚持他的主张，并且调查他自己族里凡是犯这种条例的都加以处罚。罚一只猪献给祖先。因为他不敬畏宗祖，敢于向本族古代风俗提出异议。

但古代风俗据说是允许这种结合的。[①]作者想到和土人的近族蒙古人的风俗，更觉可能；他们甚至允许和父亲的妾结婚，除了亲生的母亲；同时作者又想到在土人别的氏族里，并不反对这种结合的。

土人们想到孤儿的痛苦，就觉得这种型式是很合理的了。他们说，这些孩子势必交给祖父母领管，而他们都已经太老了。作者认为最真实的解释必须从不许寡妇离开氏族的古代风俗中寻求的。

---

①Bartold，Turkestan Down to the Mongol Invansion，1928，390页：父死娶母的风俗在回纥(Uighurs)中曾是维持着的，但是现在的蒙古人受了佛教的影响，这种风俗已经不见了。

我们可以注意这种多妻的特别型式的名称是很特别的；他们不说寡妇去找一个丈夫，好像寡妇去找一个婆家族外的人一般，而是说“sarun xâgu”，遮影的意思。[①]不是要新的丈夫遮没了他已死的兄弟的黑影，使这黑影不再作怪么？在土人中，萨满不是以为一切疾病都是出于有死者的黑影越过康健人的身上而起的么？

若是寡妇已上了年纪，亦有在婆家住着不谋再醮的，完全是为了照顾她的儿女。若是丈夫死了有三年，寡妇没有再醮，而生了孩子，土人并不觉得奇怪，这孩子也就算作死去丈夫的儿女。若这个孩子是个男的，他们就依着汉人称作“孝生子”，意思是在孝里生的，或则依土人的风俗称作“xara khù”，黑子的意思。土人以黑色带孝，所以也是在孝里生的意思。在蒙古人中，古代带孝亦是用黑色的。若是寡妇在丈夫死后两年后生了

①和遮影一词相关的，我们似可提到Ou-hoau，鲜卑人对于寡妇的心理。Parker，A Thousand Years of the Tartars，二版，85页：寡妇再嫁给已死丈夫的兄弟，或是他的伯叔……死后，在阴间重又回到她第一个丈夫那里。

孩子，这孩子立刻就被丢了，或者一落地就被淹死了，尤其是女孩子；家里孩子已经太多；或是没有邻舍愿意来领养这小生命。若是新生的是个男孩子，他们就留下了，但是他不能承继家产。普通都等他长到九岁或十

土人喇嘛和他的上司及仆役

左边是土人喇嘛，穿黄喇嘛服装。
中间是他的上司，土人喇嘛穿汉人装束。
右边是一普通的土人，他们的仆役。

岁，就送他到喇嘛寺里去，终生独身。为避免将来家里的纠纷，这是一个最好的办法。[1]

c.多妻制的第三类别：家道小康而人丁太少

我们已经说过在土人中有许多事务都需要妇女们做的；管家，管牲口和很多田地上的事。土人的妇女简直要累死。男子们真叫人生气，生性游荡，懒惰，好闲，不耐劳苦。若是一家牲口土地很多，而人丁太少，妇人会劝她丈夫再娶一房妻子来帮她工作。她自己设法去找一个姑娘，年纪比她小得很多，没有她聪明，也没有她美丽，总之，是一个不如她，而受她支配的人。土人的妇女在这事上是非常聪明的。作者知道有一个妇女很厉害的例子，她不但替丈夫娶了一个妾，还给她儿子娶了

①史禄国，77页：满洲人杀死私生子的风俗是很严厉的，所谓私生子就是没有结婚的女子和寡妇所生的孩子。

其他通古斯族里，女子有孕是有利于婚姻的，因为这是足以证明这女子的生育能力。

一个妾，儿子才七岁，娶给他的女人比他大得多。这种例子也可以表明土人对于婚姻的观念。我们曾说过婚姻并不是个人兴趣的事，土人对于婚姻在传种之外，还看到其他的作用。

d. 多妻制的第四类别：为了取乐而纳妾

这一类的多妻是很少见的。依长者们说，一个人的正室若有了孩子，不愿丈夫再娶，而他依旧要纳妾，是很危险的。好像俗语说的，纳了妾就好像把正室卖了一般。而且，另一个俗语说，“女人好像药一样，不能用得太多”。多妻制在土人中是很不普遍的，作者在这里所说的大概在许多民族学书中都有很详细的记述。

3　纳妾的手续

普通，丈夫纳妾的事总是要先给正妻商议过。若是正妻不愿丈夫纳妾，而丈夫又极固执，那么他便去找他妻子的朋友或她父母来劝她。如果还不成功，这件事大半就作罢了。若是正妻同意了，丈夫就派人到女家去请岳父母来参加进行。那人照例带着酒，并告诉他们为了什么原因他们的女儿赞成她丈夫纳妾。然后，他们更请求岳父家不要和女婿为难。如果纳妾的原因是为了没有孩子，寡妇，或是缺人工作，这件事是极容易办妥的。但是，若是为了第四类的原因，这事就不容易办了。

这种接洽的目的，最重要的，是要和女家商妥，因为他们嫁女儿时，是要使女儿做唯一的主妇。这是一种未雨绸缪的办法。这种事情时常会发生不幸，女子为这事自杀的很多。土人最怕这个，因为可以因之倾家荡产的。女子自杀了，女家就来质问男家，他们女儿为什么自杀。在纳妾之前，如果已得女家的同意，即使有这种不幸的事情发生，彼此尚可谅解。男子纳妾事先必须和他妻子商议，就因为自杀是她无上的武器，他没有办法控制的。

士人的妾，可以是一个处女，亦可以是一个寡妇，如果是一个寡妇，就按娶寡妇的仪式娶她；寡妇做妾的婚价较做妻的婚价要贵上两倍到三倍，若是所娶的妾是个处女，就得按娶处女的仪式娶她。

小康之家很少把女儿嫁出去做妾的，穷苦人家因婚价的诱惑，乐意让女儿做妾。一个处女的妾，婚价甚至多到三百串钱以上，还不算上衣服、筵席和其他；这可以证明多妻制中经济状况是最重要的原因。

4　妾和妻地位的比较

理论上讲，正妻是主妇，在亲友间她有地位，她管家，丈夫不在家时，她也可以招待客人，同他们谈笑，料理一切零碎家务，在宴会中，她的地位也高于妾……死后，她的坟地也优于妾。

但是事实上除正妻的名分和葬地之外，其他全视她对待对手的态度和克服丈夫的手段了；因为她若是赶不上对手那么可爱，她的优越地位是很容易消失的。

自然，苟其为妾的生了几个孩子，而正妻没有，丈夫就要偏向于妾了。丈夫方面一定要有技巧，使这种自然的倾向不表示出来，免得使他正妻妒忌；女人方面发现自己失宠于丈夫时，一定要有一点英雄气概，不要有醋意。不幸的是土人中的男子既很少有技巧的，而女人中也很少有英雄气概的。而且妻妾之间更少有和睦的。因为当正妻的都没有才干，为丈夫的又少端正；她不论在家出外总要争先，穿着要比妾更考究，要和丈夫同住好的房屋，吃饭时候要和丈夫挨着，要靠着丈夫坐，等等……当妻妾有争吵时，丈夫时常悄悄地出门去散步，等她们平静后才回来。

妾呼妻为“大姊”，妻呼妾为“妹妹”。有了孩子便称孩子的大娘和孩子的小娘。丈夫也是大娘小娘地称呼她们。

她们二人都养着鸡，各人归各人的，下了蛋也分开。收获时，谁糊盛鸦片盒子的，就分给她们一些，也算作自己的私房。

作者在本章论多妻之末不能不作一结论，一夫一妻是土人通行的风俗，一夫多妻是这原则的例外。

事实上，只有在无嗣，寡妇和缺人工作的情形下才发生多妻的现象，第四类的多妻是少见的就足以证实这句话。①

结论：在初婚，再醮和多妻的问题中有一项极重要的民族学的事实：我们愿意提到那种风俗，就是寡妇在丈夫死后，不离家而嫁给丈夫的兄弟或伯叔。

我们并不因了这制度的普遍而说它重要，而是因为它是很古而且维持得很长久了。事实上根据中国历史的

①史禄国，64页：在满洲人中一夫一妻是婚姻的正则。一夫多妻即使确有的，亦是例外，可视作偶然发生的制度。据满洲人自称，多妻制是近代从汉人中传来的，在汉人中富有的人，多妻是很多的。富有的满洲人有娶五六房妻子的，直到一项新法律颁布后，才限制至多娶两房。他们并不禁止两姊妹同嫁一人，但是满洲人不愿意把两个女儿都嫁给一个人，因为这样会引起其他未婚者的不满意的。

记载凡在中亚南北高原上游牧的民族都流行过这种制度。①

各时代寡妇婚姻的型式，我们不必去考究。寡妇只是很简单地在一家各人中转移。但是和我们上面所述寡妇再醮的仪式不相谋合了。这是假设在那时候是没有抢掠寡妇的风俗的。很自然，我们可以结论说，在那时候处女的初婚是惟一的真正的婚姻，抢亲也只是行于初婚的女子。这事实在土人的多妻问题中亦有它的重要性，因为它可以解释在现代所实行的多妻制的一种特殊型式。土人们已经不再记得这一种古代所有的制度，用了其他牵强的事实来解释这问题了。

* * *

①Parker, A Thousand Years of the Tartars，二版，4页：我们将见一种鞑靼人中普通的风俗，一千年来维持至今，就是为子的在父亲死后娶他的母亲（除了自己的生母），当兄死之后，弟娶他的寡嫂。至于儿子和兄弟之间谁有娶这寡妇的优先权则不明白：也许是在没有儿子时，才由夫弟娶她，或者反是。19页：匈奴中亦然。85页：在Wuhwan及鲜卑人中亦然。109页：Tu-yuhun人中亦然。据Barthold，回纥人及蒙古人中亦然，见104页注。

亚洲的北部和中部，在文史期以至有史以前，长久以来是各种和平的及武力的移民的舞台，所移入的人民其社会组织又极为殊异。从此论出发及文化的借取上，常可证明和白令海峡及“中部及西部的欧亚”人民有关。

在此处摘采monumenta ethnographica的文字，因为可以帮我们明了在甘肃土人中买卖婚姻的情形，土人的祖先蒙古人及沙陀人都是游牧的。

以下所摘录的是见于Anthropos 1928-9 Dr. Herbert König所著的“Das Recht der Polarvölker，Ⅳ Das Eherecht der Polarvölker”。

> Anthropos 1929，p.101. 中部及西部欧亚人之买妻……买妻婚姻的传布，与极地贵族等级之民族，几乎是完全相符合。通古斯人，Jakuten人，Samojeden人，东亚克人（Osti-aken），拉柏人（Lappen），都明白地说到，详

细地描写过这种婚姻，并且认为是唯一的结婚法式。……p.104极地东部Eskimo人所叙述的情形，并不完全一致。

Anthropos 1929，p.129.与极地民族相反的是中部的北亚人。外婚制统治于Samojeden人，Ostiaken人，Jakuten人，通古斯人，及Dolganen人间。外婚不限于一姓，而是延及全系。

p.130.这些民族中之外婚，其所要求的是：所有的东西必须规定其属于哪一团体（即结婚团体），或属于父方，或属于母方，其规定之法则甚简单……

p.117……幼童完婚　即两人在成年以前，或竟在一方或双方之生前，成立婚约。这在极地的各民族中，均可遇见。

p.102.通常以媒人，多为男方的父亲或其他男性近亲，同女方的父亲商议。媒人往往因其劳苦得到补偿，常为一头牲口。

p.102. 新妇身价，因双方之经济状况而不同。偿付之法，有的用牲口，有的用贵重的皮毛。

p.102. 新妇身价，可以当时付清，也可以分期偿还。若为分期偿还的，那末在最后一次的期款付清之后，新郎才可将新妇接去，虽然在这以前他已经可以常跟她睡觉。

p.103. 我已说过，这些民族中，总有着嫁奁。关于这点，所有的报告，几乎完全相合。

Herbert König，“极地民族之婚姻法”，Anthropos，1929，p.136–7。多妻制度及其类似之关系……多妻制合法地统治着整个极地。每个男人，愿意而且能够养活多少女人，就可以娶多少女人……极地人民讨二房的理由是想得到个帮手，料理家务或想得到孩子。若发妻不育，而且男方经济能力不足，那末就干脆地弃掉发妻。不然，发妻总是最受尊重的。Jukagiren人给妻子起种种的名号。二房有“小妻”之特质，三房则为妾。

至于一夫一妻制，Herbert König氏说：……因经济关系，不得已的事实上的一夫一妻制……

第二章　由服务或入籍以获得的婚姻

前面所叙述的，都是处女和寡妇的买卖婚姻。在这章所要论述的婚姻中，妇女并不是买来的，而是嫁配给那些只有循这路径才能结婚的穷人。中等人家多喜欢给儿子买一处女，对于这一种以服务来换取或甚至以入籍而获得配偶的办法表示厌恶，到不得已的时候，才肯采取这种婚姻方式。

并且，这种办法的不利确是很严重的，因此土人们甚至常常劝戒他人不要这样办，可是我们仍可以看见许多爱占小便宜的人。

在“我们这些日子”采取这种婚姻的人却是些青年

人，他们没有别的方法来得到配偶，又希望有后嗣，为了要满足他们婚姻的责任，于是他们只能承担这些牺牲了。

这一章各节的题目是：

A 寡妇的婚姻

B 处女的婚姻或入赘问题

土人的寡妇和她的两个女儿，土人装束

注意她所梳的头，是一种新的式样。李族的祖先，李金旺（译音）的妻子。各人都有自己特别式样的髻；到现在还可以看见这些新式样。

A 寡妇的婚姻

一个人可以不花钱和一个寡妇结婚，她很穷，丈夫死后留下三个或四个孩子，没有人帮她的忙，没有叔伯，或是虽有叔伯，也是太穷，不能供给她。这就是说这种寡妇穷得没法过活了。

自然的，在这种状况之下，很少人会向她求婚，因为娶了她要负责养育别人的孩子，迟早等他们长大了，即使不以恶报善，也是很少感恩图报的。这种婚姻汉人称做“招夫养子”，就是说，招一个丈夫来养育孩子。这当然和丈夫方面是不利的，但是常有些穷人，到了相当年纪，希望有后嗣，就愿冒了这险来采取这种婚姻的形式，也有是出于寡妇方面的要求。其实这种婚姻的名称已说明了是寡妇招夫。我们已说过，这种结合是不用讲价。他们两造自己交涉好了。说妥后，他们自己去请一个媒人，由媒人去见孩子的伯叔或祖父母。土人的家庭是建筑在父系基础上的，是大家族的共产制度。丈夫死后，寡妇就靠着家庭生活，自然需要尊重她的属主了。因为她在家是一个累赘，所以这事办起来并不费力。而且寡妇的家人明白，寡妇也知道，他们也奈何她不得的。

婆家要求的条件如下：男孩还算死者的后嗣，仍旧姓前父的姓，死后葬在前父的坟地里；继父教养他们，到了相当年龄，替他们买一房媳妇，或者给他们些钱，他们新夫妇离开他，自己去谋生了；若是女孩，他就把她们卖了。除了订婚时所花的钱之外，寡妇的家并不向他要寡妇的身价。

兄弟间发生误会和争执时，常使他们把家产和债务都分了，各立门户。若是一个寡妇要再嫁，这家就要叫新丈夫承认回死者的债务，他要是不肯认账，这家人就要竭力阻挡这头婚事。不过他所娶的寡妇若带有孩子，困难就容易解决了，债务就可以放在孩子身上，等他们长大了，由他们归回。

在寡妇和她孩子承继着亡夫的田产时，新夫可以代她耕种来养家，但是不得出卖，因为这田产是属于带来的男孩的。他们中间的感情如果很和睦，一同住着，孩子们结婚后，可以把田产给他们的继父和母亲。反之，若是继父有田产，而寡妇没有，他养家，给孩子们娶妻，再把田产给他们。若是在结婚后家里富裕起来，家产增加了，寡妇到新夫家又生了孩子，带来的孩子可以承继亡父的财产和继父在结婚后所得财产的一半。继父自己所有的东西就给他自己所生的孩子。若是丈夫又死了，没有留下孩子，那么他的财产以及寡妇都属于他的家庭。

这些情形明显地表示出寡妇和原来的婆家完全脱离关系了；她在这家里的权利完全放弃了，但是她既领着孩子，就得为孩子们的家族养育他们。

这种婚姻普通是写两份婚书，一份由丈夫存着，一份由原来的婆家存着，婚书上很清楚地写着财产、债务……和新丈夫的义务。

如果结婚后，家里很穷，替儿子们娶不起媳妇，那么等他们长大后，随他们愿意到什么地方去都行。

这种婚姻是没有抢亲的，仪式很简单，一天就完事了。寡妇若有田地，而新夫没有，他便住在寡妇家里；反过来说，寡妇没有田地，她就和孩子们一同住在新夫家里；若是两人都没有田地，他们就租一个地方，同住在一起。他们在媒人及双方父母面前，向天及众神行礼，这种婚姻的仪式全在于此了。再加一些，也许再向媒人和父母行一个礼。①

---

①史禄国，142页：若是寡妇和她的女儿不愿受丈夫及父亲的兄弟保养，她们可以分到一些财产。所分得的等于她兄弟一人所得的。这样一个妇人亦可成为田地及房屋的主人。但是她们的所有权只能维持两代（从母亲到女儿），因为新娘的财产照例是成了她丈夫的财产，从她们的丈夫，财产就传到异族的手里了。

若是寡妇继承了财产，后来却再嫁了，她的财产一定要交给可以成为她后嗣的人。但是苟其寡妇和她的女儿保守那遗产有五六年之后，寡妇可以再嫁而仍保守她的财产。除此之外，还有一种特别的承继法，就是过继养子。若是死者没有儿子，他的兄弟就承继他，保养他的寡妇，把自己的儿子过继给寡妇。

一家的财产决不能由母传女的依女系承继。

此外还有些办法可以使一个男人可以不给礼物而娶得一个妻子。这种婚姻现在都是在穷人中实行的。这就是所谓“timeo Danaos et dona ferentes”。在东方，爱他主义还没有发达到这一点，就是不把女儿和礼物交换。即使一个青年热烈地爱上了一个女子，并不能不出代价而得到她的。

B 处女的婚姻和入赘问题

提要 1 以女儿交换女婿的服务，直到父母死后为止 2 以女儿交换女婿的服务，规定一定的年份 3 买一幼女，替她招个女婿，服侍岳父母到他们死后为止 4 被女家收认为族人以获得妻子，即入赘

1　以女儿交换女婿的服务，直到父母死后为止

假设有一家父母，不论穷富，上了年纪，还只有一个女儿，若是富有的，他们就纳一个妾；但是也有不纳妾的。父母依旧靠女儿，不让她嫁人离开他们。不管什么，拖住她在家，他们要想一个方法使他们大家不分离，他们就招一个女婿住在自己家里，耕自己的田，女儿生了孩子，可供晚年娱乐，女婿就像自己的儿子一般，一直服侍他们到死。这至少是给土人实际风俗的一个解释。

女子的父母，并不直接让女婿入籍收养他为族人，但把他看成和自己家里人一般，不要金钱上的代价，把女儿给他。女婿去找一个媒人和两个保人，写一个合同，书明他将住在岳家，并服侍他岳父母直到他们死后为止。

土人的这种婚姻制度中，女婿对自己家及妻家在法律上所有的地位是怎样的呢？

这问题的答案很简单，实际只是实行母权统治罢了。事实上，赘婿一生住在女方，以服务来换取他的妻子。[1]他失却他在自己家里的承继权，他被视为妻家的一分子，在妻家他可以得到在自己家中所失的地位，甚至他有时可成为妻家的家长。这是事实上所通行的入赘女婿的地位。

土人中事实上是受父权统治的，和这个风俗不合，所以赘婿无疑要受到轻视了……

---

①史禄国，142—3页：财产从女子由一族传入另一族的方式见于入赘的情形中；岳父死后，财产就传给女婿，而女婿是属于异族的。同样的方式可以见到，若是一个寡妇没有儿子，为她女儿招一女婿住在自己家里。在这种情形下，女婿必须守着岳父母直到他们死后，至少有四年到十年的工夫，住在岳家，若是在这时期之前，岳父母就死了，他就得带着妻子离开这家；若在这时期中，妻子死了，他就离开岳家，岳父母就由他们族人供养。

Dr. Herbert König. op.cit.192：Anthropos，p.121. 男人之移居妇家：现在我看到另外一种风俗，也是极地所通行的。这风俗是为夫的于结婚之后移居妇家。移居可以是长久的，可以是暂时的。若系暂时的，那末只要跟岳父母同住同游。若系长久的移居，就将女婿作为家人，以后对于这家，他跟他妻子的兄弟们一样，是儿子的关系。岳父母去世，妻兄分居之后，他借着姻缘，可为一家之主……

Dr. Herbert König. op.cit. p.114……妇人婚前服役。关于妇人之婚前服役的制度，我只知道极地三处的文件，这些文件当中，有一件我一直认为很可怀疑而去掉了……至于这风俗之形成，究竟由什么观点出发，没有人说明过。……不是什么“婚前妇役”，也不是什么“试验女孩”。

女婿若不入籍收认做妻家的族人，他和他的儿子还是姓他父亲的姓，他还是算父家的一分子，拜父家的祖先，遇到父家有事要报仇时，他也要出力，等等。理论上讲，这是看他在父家有没有承继权。不过这些出去做女婿的家境总是很穷的，自己家里有承继权的为数很少。

作者曾遇见二三次发生问题的例子，每次都是女婿的兄弟在自己家里住着，都想把这个赘婿的名分除去，理由是他没有给家里服过什么务。虽则如此，这被挤的女婿时常能替自己争到一些地位，虽则不能得到整个的，也得争到一部分。

这可以证明赘婿住在岳家，侍奉他的岳父母至死，在自己父家的地位就失去了。

他在女家的地位也不太好。事实上，在父权统治之下，承继是父方的人。女婿的姓和他妻家的姓就不同；我们曾经看见“不同姓，不同家”的一说，女婿是没有承继权的。所以凡是小康之家的青年没有做赘婿的，只有很穷的人才肯入赘。

如果岳家贫穷，那么女婿在岳家便不发生困难了；若是岳家是个小康之家，岳父的兄弟们不许女儿在父亲死后承继财产。财产必须归回他们。他们常设法把这女孩嫁出去，离开这家，并且怂恿他父亲过继一个他们的儿子。如果那父亲不听他们，依旧要去寻一个理想的女婿，在他活着时，家里人也莫奈之何。他们这方面就预备遇到不测之时的办法，并想法记清楚他的田产，怕他给了女儿。无论如何，女婿是他们的眼中钉，惹起许许多多的争吵和不和来。岳父死后，女婿有权可以带着妻子回自己的家来；但他自己的家时常是很穷苦，不欢迎他回来的。女家如果很富，至少总会给他们女儿一些财产，好像一小块田地，一所房屋等；决不会完全得不到什么的。再加上以前的一些积蓄，他们就可以维持生活了。女婿的弟兄并不来和他们捣乱，因为这些财产都是由女家那面弄来的。

两个西藏化的土人女孩

两个女孩都属于一家已西藏化的土人。
她们穿着Hoa-ri（西宁之北）地方女孩的装束。
大的在用纺线竿纺线，颈项里插着那竿子，
竿头挂着线，小的拉着线头。

若是岳父是他族里唯一的代表，那么赘婿的地位之高很可令人嫉妒了。

作者没有遇见过有儿子的人而还招赘婿的例子。

赘婿在女家的地位也是虚的。

若是岳家是贫穷的，婚书上的条件，时常不予遵守；有时女婿把妻子撇下了，自己到别处去谋生，有时女儿很爱她的丈夫，就跟着跑了。若是把妻子带走了，或是不愿和岳父母一同住时，他们就向女婿要求一些赔偿费，这桩事就算完了。

我们这章的结论就是要表明女婿为了要得到妻子，住在女家的畸形生活。

这种婚姻在土人中流行得很广么？理论上，这不是不可能的，因为我们在满洲人中这种办法现在也还可以看见，他们都是父权统治和父系承继的。而且，我们也知道，土人的近族，蒙古人中古时也有这种风俗，到现在还有。[1]而且，很难证明土人是因为觉得这种风俗有实用，才采用的。

在西宁的南面约两天路程的一个地方，名叫贵堤(译音)，居于黄河上游，地属西藏，那里的地方官开垦了一块沙漠，专收留一班带了别人的妻子逃出来而不打算再回去的亡命者。那地方住的人行古礼招赘的西藏人为多。他们多不把女儿嫁出去，而替她们招女婿；另一方面，把儿子给人家做女婿。许多土人的儿子是没有承继自己家产的权利，而女子却是唯一的承继者；有些人家，也有兄弟和姊妹一同承继的。他们是正在过渡时代。一家一家地去采用西藏的风俗，渐渐的“西藏化”了。因为西藏人同他们并不冲突，他们的女儿嫁给西藏人，很快的和西藏人同化了。

---

①Vladimirtsov，成吉思汗传，87页；Yesugey和他的儿子Temuchin(后来就是成吉思汗)向Dai-se-chen的女儿Börle求婚，这头婚事允许了，Yesugey就给Dai-se-chen一匹新马，把Temuchin留在女家算做未来的女婿。按蒙古的风俗，这才是确切地决定和Dai-se-chen联婚了。

西宁的土人常笑他们的近族贵堤的土人，说他们是“女人当家”，男人算不了什么，妻可以休夫，可以多夫，老人受苦。这都是西藏的风俗。

应当怎样来解释土人中赘婿这种畸形的办法呢?

我们第一要知道那次伊斯兰教徒的革命曾摧残了甘肃的土人。有些土人想复兴他们的民族，收他们的地税，在他们的氏族里曾收认了很多汉人和西藏人，其他的土人的首领，始终没有达到恢复的希望，又加上了吸鸦片，使许多首领的家庭都没落了，穷苦了；所以土司的权威大受打击是不必惊异的。最显著的是土人向汉人官吏去申诉的愈来愈多。据老年人说，在古时，土司是他们惟一的裁判官，没有人敢到汉人那里去诉讼的，因为怕见恶于土司。作者认为这可以解决我们的问题了。实际上，汉人的官吏只知道土人死后的承继者是属于父系的，没有儿子就归父方亲属承继。凡是在诉讼时，总是父方胜利，女方失败；赘婿方面，既不能入籍被收认

一个土人和他的儿子

穿着汉人装束（在西宁Nien-pei地方）。

为女家的人，总希望维持在自己家里的权利。关于这类事件的判决常能改变已有的风俗，而形成一种新的心理。但是一定要有一种力量才能挡得住这类试探。

2　以女儿交换女婿的服务，规定一定的年份

据土人说，我们前面所述的那些办法都不大适用了，于是有人想了一种别的办法较近情理一些。事实上，一个人若能看到他痛苦的末尾不远时，便肯死心踏地的工作了。一个穷苦家庭，或甚至一个小康之家，可以把女儿嫁给一个穷苦的男子，使他在家里做五年、八年、十年或十二年的工。

这种婚约普通多是父母自己和女婿方面一两个保人写定的。在上面所说的例子里，都是女子长大到了结婚年龄的时候发生的，而现在说的那种例子，女子大半是才七岁、八岁或一岁以上，男子的年龄是没有限制的，他可以是十岁，十二岁，也可以是三十岁或更大，当女

子长到十五岁时，他们预备一桌小筵席，给她梳上婚后女子所梳的髻，他们就算结婚了。

为什么女子还是在孩提时就订了婚呢？一则是因为地方上都认为这是可行的，二则是他们不愿受骗。事实上，当女子十五岁结婚后，她总希望丈夫能自由些，她就让她丈夫怂恿她说一个人可以上别处去工作，在岳父家工作什么都挣不来。他们也许争论了一天，结果两个人都失踪了。但是，到那时候，岳家至少已经赢得女婿几年的工作了。很少女婿是肯忠心工作到头的，结果还是亲家成了怨家。

以上所述的是普通女婿入赘的型式。在亚洲这种风俗传播得很广，在突厥人，蒙古人，满洲人，以及亚洲北部的人民中都有，[1]但是这许多地方的办法似乎都不及土人的来得圆满，我们看不到什么缺陷的地方：所以古时这种风俗的流行是不足为奇的，现在已经少多了。在甘肃的汉人中也有这种风俗。

3　买一幼女，替她招个女婿，服侍岳父母到他们死后为止

这一种更难预料的办法，多出于小康而无子之家。他们买了一个女孩，找一个女婿，希望两人和他们一同

①史禄国，75页：有一种很有趣的风俗就是在岳父家服务以获得妻子。一个穷人出不起婚价就托人向新姑娘的父亲说项，用自己的劳力来换取他的女儿。至少是三年，至多是五年。未婚的女婿就住在未来的岳父家里，但是他仍有他自己的神，并且赴自己的族里去集会和祭祖。到规定的年份满了，他们就举行一个简单的婚礼，新郎就带着他的妻子回到自己家里，或则住在女家工作，得给一定的工钱。有时岳父就给他一些东西，使他们能独自谋生。这风俗是很普遍的流行于满洲人中，他们把它视作最古的、纯粹是本族的制度。

Dr. Herbert König. op.cit. p.109-110. 这种结亲法是：男的关在他的将来的岳父那儿做最微贱的工作，而且差不多是当奴隶似的被看待。这是他的求婚的开端……也有由一媒人，多半是父亲，男性近亲，就是男朋友也可以，去问女方的父亲，看求婚者是否可以开始他的求婚服役。（p.156）所以十分显然地，婚前服役，只限于白令海峡（Beilingstrasse）的亚洲这一边与 Aleuten 诸岛。Eskimo 人中是没有这制度的。

住，服侍他们至死。这是个很容易失败的办法：买来的女儿和自己亲生的实属不同，如果物质方面不给他们很大的利益，他们就走了。

4 被女家收认为族人以获得妻子，即入赘

在这种办法中我们可见父权是胜利了。这第四种型式是富有之家，只有一女，认领一女婿做女儿的丈夫。这办法的目的是在使女儿不离开父母，和女婿在一起，成为合法的承继人。

在父权统治之下，这女婿一定要改姓岳父的姓，和自己的父母及氏族完全脱离关系，完全加入岳父的家，拜女家的祖先，死了葬在女家的坟地里。他贡献一生的服务，同时他自己也得到发展。

我们要知道这办法在女家是有许多困难的，必须有许多手续使大家承认。岳父把他的兄弟们都请来，宣布他的不能更改的主意。请他们在认领入籍的合同上签字，并且承认新女婿是自己家里的一分子，允许死后分给他们一些田地；其余的财产都归女婿和女儿所有。这些非经长期的讨论，不能成功；最后，入籍的合同签定了，全家吃一顿饭，女婿就向新的父母行礼；再向家里的神像行礼，燃上柏树枝，当着全家的面前，将他的名字记入家谱之内，他更要到这族的坟上去献祭，到村中的塔里去拜地神，使之保护这收认的家。[①]这些步骤一定要一一做到……但是献祭的费用是要由女婿出的。

---

①史禄国，61页：满洲人中认领养子是只在孩提时候实行，在这孩子只有六七岁时，收认他的父母就向他的族神献一回祭，他们向神和向这孩子宣布他是已经认领加入这氏族了，被领的就离开他以前的氏族和族神，加入这个氏族了。

第三章　变态的婚姻

我们已经看见种种青年人婚姻上的痛苦了，例如以有期或无期的服务或入籍来获得妻子。虽然这样，但是这种种婚姻在欧洲人看来，大致尚可理解，以下的两种例子，则真是出人意料之外了。

A　和祈祷竿，和树枝，和墙，和泥狮子等结婚

B　和腰带结婚

前一种婚姻在甘肃住的西藏人也通行，他们过的是半游牧半农业的生活，在汉人中却见不到。

A　和祈祷竿，和树枝，和墙，和泥狮子等结婚

我们将先叙述这种婚姻，然后再解释为什么把这种办法列入婚姻种类之中。

记述土人的书籍上说这种人民中凡是一生没有结婚的女子，也会生孩子的。中国的书籍中便借此轻视他们。这不免是歧视；浅薄的观察者并没有明了这地方的风俗。我们不能用这种风俗来判断土人道德的。

为了要很体面地生一个孩子（因为在这些人中，他们也有贞操观念的），他们替做母亲的梳上已婚妇人的发髻，这是没有例外的；意思说她一定结过婚了，因为她已经做了母亲了。

当一个处女还没有结婚就怀了孕时，她们有两种办法：第一种是打胎，或一生下来便抛去或送给别人；第二种是改梳妇人发髻，就算结过婚了。

当采用第二个办法时，他们去请三四个媒人来帮助办“婚事”。为女儿预备一些梳妆品。她打扮好，梳上已婚妇人的发髻。点上两盏灯，在院里用松枝烧上火。铺上红毡以后，他们就要举行婚礼了。普通总是用一根祈祷竿，称为“manékan”，土人的院子里都有的（是一根竿子，顶上挂着一面旗，旗上写有藏文喇嘛祈祷经），他们也常用一座墙，一棵树，或是屋顶上泥制的小狮子，甚至用一块石头等。

那女子连跪三次，每次都向下拜，好像真的结婚一样。她拜时是向着祈祷竿或树，或其他代替丈夫的东西，每次拜时都说“天把我的头梳上了，祈祷竿（或其他）是我的丈夫……”然后再向父母及客人跪拜。

这种情形下所生出的孩子，称为“天生子”，姓母家的姓。

这种婚姻很不常见，因为普通都是在女孩年纪极轻时，便将她嫁了出去；但有地方这种婚姻却很多，例如威远堡、红岩子沟、三川等地方。

在一个有娶了亲的儿子的家庭里，这种婚姻很少，但在只有一两个女儿的家里，这种婚姻便容易发生。有些妇女一生就这样连生几个孩子，有些妇女并不坚持这种反常生活，她自己找到丈夫后便出嫁了。

作者把这种办法归在婚姻一类里，因为这也可以使母亲和孩子得到法律上的地位，与结婚后所得到的无异，而且它的目的是在表现母亲的"procreatio et educatio prolis"。

事实上，由这种婚姻所生的孩子，在法律上有承继母家财产的权利，就是所谓"外甥顶舅舅"，意思是说外甥和舅舅是站在一条线上。即使这家有好几个弟兄，而且都有孩子，这孩子仍旧有权利和表兄弟一样的承继财产。理由是这孩子一生下后他母亲便不是处女，而是已婚妇了，因为她已经梳上妇人的发髻了。但假使这母亲年纪还轻，在家和嫂子或母亲不和，或她又找到了情人，第二次结婚，她可以将孩子带走，这样孩子在母家的承继权便丧失了，他必须改姓，承继后父（改姓后，成为后父的养子）或者外祖母不许女儿将孩子带走，他仍可留在外家并享受一切权利。

也有时外祖母和母亲都不要这孩子，于是便把他送到喇嘛寺里去。喇嘛是没有承继权的，所以这孩子便与大众生活脱离了。他们把这种孩子送到喇嘛寺里去，或者是想避免分家时的麻烦，哪一份该归舅舅，哪一份该归外甥。同样的，母亲若把孩子带到后夫家，做后夫的养子，在近年他的承继权也不稳固了。我们感觉这是这种风俗变化中的过渡时期；上面所说的办法在古时是极普遍的，而且是出于一种非父权的组织。

这些未婚母亲在社会上并不受人轻视的，别人对她们的看法和对一般的妇人一样，但邻近的汉人对这事却憎恶得很。他们认为这些妇人已经结过婚了，因为他们知道，她也和一般的处女一样在院子里的圣火前举行过结婚仪式了。他们承认她所生的孩子是族内的孩子，使他姓母亲的姓。在土人家中，若是一个弟兄死了，只留下几个女儿，他的弟兄们便承继他的财产，女儿们一些都得不着。但死者的女儿中若有上述的情形，而且生了一个男孩，那么死者的弟兄便不能承继了，虽然这些弟兄可以不允许死者遗嘱将财产给女儿或未曾入籍的女婿，但他们却承认和祈祷竿结婚的侄女及其儿子有承继权。

未婚母若和儿子永远住在家里，很少有麻烦的。但她若二次结了婚，孩子年纪又小，那么情形便不同了。没有兄弟，她的叔伯出来，若有兄弟，兄弟便出来逼她将儿子带走，给新夫做养子。他们想独吞财产，因为财产是不许族外人要的。孩子大了一经娶了媳妇，承继权便没有危险了。她若再嫁得很晚，便没有像处女结婚那样的筵席了，只请几个邻舍过来就算了。第二次结婚有似寡妇再醮，但这种妇女可以不怕人来抢了。

这种婚姻在现在严格的父系社会中看来是很奇怪的；但这种权利却为大家所公认，这是一种由来已久的表示，而且土人只承认这事实却不能解释其来源。

B 和腰带结婚

这种婚姻虽然和上述的一样的反常，但它们却似乎并不属于一个系统。第一，它流行的地域不及上述一种为广，它的起源和上述的似乎也不相同。它的解释须在那种出让女儿或妻子给行路客人的风俗中，总之，是一种表示亲热的娼妓制度。[①]

这种例子多见于没有儿子而只有一个没有出嫁而年已及笄的女儿的人家。这不是常见的。这风俗也是一种

①Dr. Herbert König. op.cit. p.140：客淫。在这关系上，又有北极民族中的客淫，这是一种风俗，不光给客人以住宿与娱乐，并且以妻子或女儿，供客人奸淫的风俗。这风俗的分布，在北极民族中，是很广的，然而不就是其特色，关于这方面的消息，我没有找到关于中等的北亚人的，除了通古斯族。

使父母可以保守他们女儿不离家的办法，女儿明白她父母的用心，顺从她父母的意思；在他们所要的并不是要借此招一女婿。土人所给的解释是如此。

当父亲把女儿献给旅客时，旅客必须拿出一条腰带来交换，就把这腰带交给女儿。为什么把腰带看得这样重要，他们都不能解释给作者听。我们在寡妇再醮时已遇见过给腰带的事。客人在次日朝上就走了，也许永远不再回来了；但是女子若怀了孕，他们便给她做些新衣服，做一顶已婚妇人戴的帽子，并梳上已婚妇人的头；再请几个邻舍，在地上铺了红毡，把腰带放在上面，女子跪下向腰带，向父母，向邻舍行礼，并承认自己是客人之妻。再过些时，她使孩子姓客人的姓，她自己也姓客人的姓，虽然她也许永远再不能见他了。孩子永远姓客人的姓，他走了，对于孩子和妇人一些责任都不要负。

我们要注意，这样生的孩子在母家是没有承继权的；他们就像女子嫁人后所生的孩子一样，因为他们姓别家的姓，别姓就是别家。

这一种奇特的风俗也把它算在婚姻一类里，因为它可以使母亲得到法律上的地位，使她像已婚妇人一样。和腰带结婚的女子就像和人结婚的女子一样，别人都不敢抢她的。

和腰带结婚与和祈祷竿结婚二者很相像；举行的仪式也相似；用这种方式结婚的女子及所生的孩子，都看做合法的。两种结婚的唯一的分别就是和祈祷竿结婚的，属于母族，和腰带结婚的，不属于母族。

前者似乎表示着母权社会的痕迹，就是女子的承继；后者恰是相反，女子和孩子都算脱离本族了。但是和祈祷竿结婚一举若不是在很古时候便存在过，那么同腰带结婚一举也不会发生的。

下面所述的一个例子可以帮助我们明了这种婚姻。在红岩子地方有一个人名叫张开伯（译音），他有一个女儿和腰带结了婚，生了一男孩。与他同住的还有一个已婚的儿子。姑嫂间不甚和睦，于是那女子便寻了一个丈夫，结了婚，带着孩子离开了母家。丈夫名叫胡义良（译音）花了二百串钱，买她做妾。

过了五六年，在二月里，威远堡有一个大庙会，那时来了一个河南的汉人，同着以前和腰带结过婚的女子的叔父一同来找胡义良寻衅，并责问胡姓夺去了他的妻子。那女子已不认识这人了，但他有一个证据，就是他们母子以前都姓他的姓，所以他觉得理很直，要和姓胡的打官司。

姓胡的怕花打官司的钱，又不一定打得赢，所以愿意和解。他将村长和族长请来和解，结果胡姓给了那陌路生人八十串钱，女子的父亲因为把女儿卖了，所以也送出一只羊来赔罪。这个例子可以证明这种婚姻为土人所承认的。

第四章　离婚，休妻，易妻

在看到两性间的极大的自由后，我们自能想到离婚和休妻了。家中若是有几个孩子，这两种解散婚姻的办法便少见了。休妻不及离婚多，其实离婚也不很多。休妻和离婚如同其他一生中大事譬如结婚入籍等同样的不须法律手续。每人可以自己解决，不必做法律上的考虑；直到一切和解的办法都用尽后，他们才到法庭上去。

A 离婚

提要 1 理论上和实际上离婚的权利 2 离婚的原因 3 手续[①]

1 理论上和实际上离婚的权利

土人中离婚的性质是很特别的，丈夫如果得到了妻的同意，可以卖掉她的。离婚的定义很明显的，就是在婚姻关系解散时，男女双方的利益都须顾到。

理论上讲，女子没有要求与丈夫分居或离婚的权利；理由是女子纯粹为男子所有，为男子所买来的。丈夫方面则不然，理论上他有抛弃妻的权利，如果得到妻的同意，他可以将她出卖，不得她的同意也可以，而且还可以将她休回母家。

①虽有此标题，但本文缺。——译者注

这种理论虽然有它的法律地位，但作者知道一个例子，就是一个妇人到族长土司那里要求与丈夫离婚。她是一个独生女，小时便和一个穷苦的青年结了婚，他住在她家，服侍她的父母一直到死。但这位赘婿却挥霍她的财产。于是女子的父族妇女及村中的长者便向土司上了一个呈文，将事实说明，要求离异。结果离婚宣布了。理由是招赘嫁的目的是要他服侍岳父母，但他却没有依约执行……

上面所述的离婚，经过的方式如下：夫妇失和，大半因为妻已找到了要娶她的人，如果没有，丈夫便帮她找。所以妻若愿保留体面，她可以说她对丈夫不满意愿意走了，这样一来，女家对男家便没有什么麻烦的了；但是结果还是丈夫得利，他可以得到一笔出卖妻的钱，反过来，假使妻不愿另找伴侣，丈夫便须忍耐一些，或将她休回母家，这是离婚开始的步骤。

2 离婚的原因

离婚的原因很多。一种最普遍的原因，便是有人在他们夫妇间挑拨，使他们不和，互相憎恶。一个妇人可以堕落的，丈夫也许她在外面过夜，因为他自己也不一定回家过夜。下面便是离婚的动机和宣布。

我们不要以为丈夫将完全的自由交给妻子，也不要以为一切的丈夫对于这事都满不在乎。有时，丈夫报告了村长，在晚上，妻和情人出乎意料之外地被人捉去了，把两人捆在一起，或绑在一根柱子上痛打。把奸夫的家属叫来，保他出去，他须向正夫道歉，赔偿一只猪，一只羊等等。土人的道德标准并不像一般不明了他们对这事的权利及法规者所想像的那么低。有时丈夫也打他的妻，罚她跪，等她讨饶说："大哥，饶了我这次吧，下次再不敢了。"也有的女子根本不受良心的责备，不求饶也不许丈夫打。

多妻常是离婚的原因。因为丈夫多半偏向妾，虐待正妻，设法叫她再去找个丈夫去。多妻是丈夫离弃失宠的正妻而再找一合意的女人的方法。这边另娶时，正妻就允许把她自己卖了，她简直是不得已才去另找人的。

丈夫对妻的虐待并不是离婚的动机。丈夫的虐待或者可以逼妻跑回家去。舅父到男家求解释，并请他等妻回来后，担保不再这样了。但他若依旧虐待，正妻便另去找男人，进行离婚手续。

不生育并不是离婚的原因，但是可以纳妾。妻子外形的缺点很少引起离婚的。在这种情形下，妇人自知不容易再找男人，丈夫既不休她，她就老老实实的和丈夫住着。

一个人若发现妻子偷了东西，将他的财物都偷了去，使他不能再生活下去，并逼他代她找一个对象时，他便可以离婚。

若夫妇间的感情很好，而婆媳不和时，他们便分家，独自出来生活。若夫妇间的感情也不好时，他们便进行上述的离婚手续。

在这里和别处一样可以看出这地方的人的弱点来。喜好讨小便宜的弱点到处都表现出来。他们可以迁就年龄，可以卑屈，直到为妻找到了伴侣，因为妻的身价比一切都重要。

身价的多少，一方是依照丈夫对她的爱憎，一方是依照她的财产和他对要买的女人的爱情。这样的女人的身价，普通都比一般的寡妇或处女贵些。

交易的方法如下：当夫妇已经同意，妻也已经找到了安身之所时，丈夫就去请两个媒人，和他的叔伯、兄弟等到他家来。他告诉他们他的处境是怎样的困难，所以他想把妻子打发出去，并且妻已找到了一个合适的人。过几天媒人们就在晚上把丈夫、叔伯、兄弟和要娶那女人的男人都请到“他们家里”来。在那里讨论女子的身价。普通在中等人家里，身价是二百串钱到三百串。然后再讨论签订合同的报酬；他们都想在这转移中揩一些油；他们所要的钱是名正言顺的，差不多等于女子身价的一半，因为这算有玷门风，家里别人不准这样的。以后他们再讨论给公婆的钱，他们总是装作反对离婚的；因为他们觉得这有玷门风。这项钱大约是由十串到五十串。离婚时很小很小的地方都要花钱。合同签订了，情人将钱交给媒人，由他分给一切应得的人。

合同并不在某人家里写，而跑到野处，山谷或山洞里去写。第一个签字的是丈夫。他要用左手大拇指和右脚大脚趾打印；他的手指和脚趾蘸了墨水，然后再印在合同上，接着每人都用手签字。合同签订后，媒人便去找那女人，把她交给新夫，等一切都布置妥当，女人也已送到新夫家后，媒人便到女人的父母处报告他们女儿的婚事，再把女婿给他们的小礼物交给他们，然后便请他们到新女婿家里去，帮助办理结婚典礼，和寡妇再嫁的风俗一般。

媒人和女家的交涉并不怎样费力，因为是他们女儿自己找到了对象，并且是她自己主动的。

说离婚是件不体面的事也许是太夸张了。常有人劝戒不要娶一个活人之妻。因为没有人肯和一个好妻子离婚的。这种婚姻多半是很短促而很偶然的，在新夫家的和谐也不会长久的。俗语所谓，有银不买活人妻，有钱不买河边地。（因为容易浸蚀。）

离婚和休妻的原因常和土人所谓不名誉的事有相互关系。这句话可以由事实来证明，就是因为做了有辱门风的事，结果才能向买主索取很高的价钱。若不是因为有很严重的原因，土人是不肯轻易出钱的。这句话也可由离婚及休妻总是在可怕的环境里进行来证明；签订合同时是在晚上，在山谷里用脚趾打印……在那时候每个人说话都没有礼貌……所以做这件事的时间、地点、态度的环境都不像做一件体面的事。这种环境给人们一种很深的印象。并且他们对离婚的女人及娶她的男人都含一种轻视态度。他们说这是个“活人妻”，意思是这女人的前夫还活着，不用问便知道这个人的性质了。

另一方面，我们可以想到处女结婚的严肃，花费许多心痛的钱给全族的人，给朋友，给邻居，为了要得到他们的重视，并为新夫妇祝福，祈祷天神。土人们认为婚姻在人生中并不是一件普通的事，也不是几天或几年的事，或出于一时快乐或冲动的事。为了要明白这种心理，一定要把这些事实整个来看。作者想在其他民族学书中，对于这问题大概也有很多的讨论。

B 休妻

前面所述的离婚是丈夫把妻子出卖了，但都是得到了妻的同意，而且是在妻找到对象之后实行的。

休妻是丈夫厌恶他的妻，把她送回母家或弟兄处，或是不得她的同意而把她卖了。休妻的事是很少见的，这对于家庭和女人是极大的污辱。

单从物质上论，父母愿意养这被休的女儿吗？兄嫂等愿意无代价的和她同住吗？女子很明白她的地位和前途，再加上有人提醒她，她只有自杀了事。这是她对付丈夫的最可怕的武器。

决定休妻之后，女家就向女婿索回女儿及一笔名誉赔偿费，此外还要求女儿的赡养费；若是必须的话，全家男女都跑到男家去争吵，几天不停，或更抢夺他们的牲畜。假使丈夫想不得妻之同意而出卖她，这宗买卖做起来是很困难的；买主就怕女家的报复。没有人肯为了一宗小收入去写那合同，也没人肯出头签字做媒人，因为谁也不愿做女家的对头。作者知道一个例子，有一个人因为嫌妻生得太丑，想把她休了，男家很富。别人都嘲笑她，结果她吞鸦片自杀了。

不怕这些祸患，敢于休妻的，是很少见的。

我们必须承认土人并没有受过他们的邻舍和师傅的

汉人的影响。汉人中休妻和卖妻平时也是常有的。就是在荒年，土人中卖妻的也不像汉人中那么多；土人并不把妻当做货物抵押的，但在汉人中作者就见过两次；土人并不把妻子放到当铺里去，但是在汉人中作者却见过一次。虽然土人的女人的工作也很重，但她们的地位却较汉人女子为高。

若要休妻的话，那么须先把媒人请来，叫他到女家去商议；讨论得有了结果，把应付的钱都交清了，他们便订一个合同。媒人把钱交给女家后，便把被休的女人交给她的父母。孩子则留在男家。[1]

假使女子自己犯了罪，女家自然不能要求赔偿了。作者并没有听见他们说过女家要不要把结婚时所得的礼物退回男家。

在休妻问题中我们可以注意的，就是它牵涉到种种的情况，重要的是要看女家的经济状况如何，在一乡中

---

①Timkovski, Voyage à Péking, vol 2, p. 313:（在蒙古人中）离婚是常有的，任何一方有一些不满意，便可引起这事。丈夫若没有合法的理由与妻子分离，他必须给她一件最好的外衣和一匹马，送她回娘家。丈夫保留一切的陪嫁与他以前所送去的牲畜相抵。假使妻子不愿住在夫家逃跑了，她的父母便应当把她送回夫家三次。第四次若再偷逃，便要讨论离异了。妻子所有的嫁妆都在丈夫手里，女家父亲且要依长官所决的数目，赔偿男家牲口。在很富的人家里，牲口数目也不会超过三十三只，而且要到女子再嫁时才付。除非女子的父母爱她，怕惹起麻烦，才立时交付。但是这种对女子本人及其家都是不利的，她所能得到的最大的好处，也不过是那件外衣和她的首饰。若是她被人控告私奔时，除了一件外衣及一匹马外，一切东西她都需交还男家。

Shirokogoroff，上引书91页：严格说来，满洲人中还没有所谓离婚。即使丈夫饮酒，有病或做强盗，妻也不能离夫。但丈夫却有权利休妻，只要在官长处声明一声便可。这声明是书面的，打二十个指印。公文则妻存一份，官厅留一份。这种习惯当然不是最近才有的。妻若有不正当的行为，例如饮酒，欺骗丈夫等，就可被休。被休后她便回到母亲家里。若母亲已经死了，她便到舅舅或伯叔那里去，不回弟兄家的。妻若未得丈夫允准便离开夫家，她母族的人不敢留她的，因为她有夫族的神附着。若是离婚或私逃了，婚价kalin是不退还的。只有在婚价已付而婚前女子和人私奔了，才要退还。这些都是例外……一切问题一定要报告族人的。

的地位如何，尤其重要的是看她家人能怎样替她出头。男家要看有没有人可以保护，可以抵挡一切的灾祸。在东方权利是不够的，须要有势力才行。

C 易妻

作者不能不提起在红岩子地方的四家人家，他们没有离婚或休妻，但他们互相把妻子交换了，没有经过什么手续，孩子们还是住在生他的家里。一切都办妥了，没有媒人，没有婚书，没有费用，大家都同意了。

作者所见到的只有这一个例子，也许这是唯一的事实，但是却没有证明。舆论对这种办法不加赞同，长者也反对他们。[①]

作者认为这种单独的例子是受了西藏风俗的影响。实际上每年红岩子沟地方的土人总有到西藏去卖西宁炉子的。他们在那里学得了这种办法，回来就实行了。

---

①Moeurs et Contumes des Thibétaius. Ward Macdonald,136页：有一种办法，就是双方同意了，互相交换妻子，但在高等社会里是不行的。他们须和妻子商量，并要得到她们的同意。

Dr. Herbert König. op.cit. p. 137：妻室之交换。Graebner说这风俗在古亚洲民族地带中最为盛行——这种说法也是不对的。这风俗倒是出现于现在已经为人所知的Eskimo系统中，而且几乎无处无之。然而古亚洲民族当中，对于这风俗，Korjaken人完全不知道，就连Jakugiren人也仅仅有微弱的倾向。

第五章　媳妇的私逃

媳妇在婆母家里吵了架，跑回娘家的事是并不希奇的。在那种情形之下，他们很安静的等待女婿来解释一切。若是女婿不来，女家就请媒人来打听消息。因为在普通情形下，两方都有错，所以媒人总是把媳妇领回，叫她向公婆认错；也叫女婿向岳父母认错。

对媳妇的劝戒是很典型的柏拉图式和顺天安命的：他们说，你是媳妇，遇见什么不顺心的事，你必须忍受，甚至屈服；你要知道并不是一生都是这样的；俗语说，一个人只有三十年的时间做媳妇，以后她自己便成婆婆了，也有这么多年可以享福。你可以安慰了吧。

这种私逃回家的事，结果没有什么大不了的事，但是有一种逃奔则很严重；事实上如果休妻和离婚是不常有的，那么媳妇和她情人私奔的事就多了。

这一种不幸的事发生的原因，就是在婚前和婚后两性间的关系太自由了，特别是在宴会之时；婆婆的虐待，夫妻性情的不合，尤其是普通夫妇间年龄相差太远。丈夫还没有长成，而妻子的年龄却比他大上六七岁；起初妻子对丈夫就好像待小孩一样，对他使行权威；后来丈夫要使行他的权威了，于是发生种种困难。再加上在这时期中，媳妇已变了心……和人家发生了很多的关系……有一天她便失踪了。这是地方上一件大事。当一个媳妇跑了，他们猜想到谁同她跑了，他们一定要去找她回来。假使他们不愿意过问这些事，过几天女婿便到岳父家来，假装着他以为妻是在娘家，要接她回去。他的目的是要使女家知道他们的女儿逃跑了。

过了五个或六个月，若是私逃者还不回来，她父母就叫女婿同了两个助手一同去找；他们总是有线索的。他们若得了确实信息，便去见地方官，要求他追回这私奔的人，结果把他们带回家来。

他们回到村里，就把村长、女家的和情人的家长都请来。当着大众，议论纷纷之中，村长就开始办这件事。他详细考查过这件事，结果把情人痛痛的毒打一顿，把他的两个大拇指捆住倒挂起来，直到有人出来保他。女子方面，也用皮带打她的背，好久之后，她还是不表示悔意，而在那里打算她未来的计划。然后，这两个犯人就给村人架着走，让众人耻笑；前面一个人引导着，敲着鼓，宣告他们的罪状。他们也向情人要一些赔偿丈夫的损失费。

媳妇于是又回到家里，在私奔时间，她若是生了孩子，这孩子也被家里所接受的。

但是亦有找不到逃亡的人。空找了两三年，女家的父母便要求正当的办法。公婆请女子的父母、舅舅、村

一个富有的土人寡妇

她已不再能说土人的语言，不再穿土人的装束，
是一个完全汉化的例子，缠着小脚。
死的时候才穿土人的衣服送终。

长，以及几个能说话的朋友，因为他们要讨论“走失人命”的事了，这就是说，因为媳妇的逃亡，她的父母要索失掉女家的赔偿费。

实际上，女家常假充说他们的女儿因受不住公婆的虐待，逼着离家跑了，也许死了，不过大家大概都知道在什么地方。公婆对于这命案是要负责的，于是他们开始磋商了。另一方面就说媳妇，即使不比公婆更错，也有她的错处；他们也很知道女儿还是活着。大家知道女家想借此敲男家的竹杠。经过长期的磋商，有时竟延长到两天工夫，结果是男家给女家两百到三百串钱，算做媳妇的赔偿费，因为大家假设媳妇是已经死了。他们再立一合同，这事就算完了，到时女家不许再找女婿麻烦，或向他要钱……并且，若是媳妇回来了，赔偿费就得退回。但是要退回是不很容易的，俗语说“肉到了狼嘴里，就难拿回来了”。

假使过了几年媳妇同情人回来了，或者被人捉住了，他们和这私逃的人闹得更凶；取保也更重，赔偿费也更大。在这种情形中，他们常把媳妇卖给她情人，假使他有钱出代价的话；并将把出奔时间所生的孩子也卖给他。他们若是不把媳妇出卖，她就得回家，她就和她在外边生的孩子重新加入家属的范围，因为，俗语说，“凡是长在我田地的东西，就属于我的，我妻子的孩子就是我的”。

有人一定会想，假使他们这家孩子已经不少了，他们父母一定不愿意接受这礼物的。事实上，俗语说，“强悍的牛一定会往山上跑的，但是它一定要捉到牛棚里去”。若是这种譬喻不甚恰当的话，我们可以想到那种游牧生活。土人说，他们把孩子养在家里，为的是比较容易留得住媳妇，避免再度私奔。将来，他们如要叫他走的话，可以把他送到喇嘛寺里去，事奉佛爷；女的，可以把她嫁出去。作者可以作证，土人中并没有一妻多夫的事。

同样的，严格地说，土人是没有娼妓的。虽然他们中间有和祈祷竿、和腰带结婚的事，但是都不能归入娼妓一类里去。事实上，她们自己视作已经结婚了，因为她这样想，所以她们不能说是做了娼妓。[1]

守独身的只有黄喇嘛，土人很郑重地供养他们。他们是土人中唯一的独身者，那地方没有女的喇嘛寺，所有的妇女，没有例外的总在上述的各种形式中结婚的。通常有寡妇或上了年纪的妇女，在家里削了发，专门做祈祷的事。

①史禄国，上引书，152页：娼妓之成为一种社会现象，在满洲人中是不见的。

第六章　母权制度

提要　A　实际的父权组织，大家庭制度　B　古代母权制度的存在，可以下列诸项证明：1　双重葬礼　2　母舅和他姊妹的家庭及外甥的关系　3　母亲、媳妇、儿女和母族的重要关系　4　入赘风俗的遗迹

A　实际的父权组织，大家庭制度

本书所述各种婚姻的礼节和风俗的大部业已叙明之后，我们一定得承认古代在土人中有母权制度存在的假设。

实际上，有大部分的婚姻风俗在严格的如现在土人所有的父权组织中是不能解释的。他们的家庭组织是一种“大家庭”。祖父是一家之主；他的儿孙，结婚之后，继续在他的权力之下生活，住在同一院子里，在可能之下经常共同生活；祖父可以支配财产，他可以把它们买进、卖出、典当等等；子孙自己挣来的财富，都属于大家所公有，没有人能据作私有；祖父不但可以支配财产，而且可以支配家里的人，他可以指定各人每天的业务和谋生的办法；孩子们并不属于父母，而只属于祖父，他指导着宗教、工作、商业、教育等生活；在土人的领袖面前，祖父是一家唯一的负责者。家庭中的承继是按部就班地由父而子；在家长死后，只有儿子承继家产，女儿是没有份的。结论：在这父权统治之下，女人和母族是不算数的。

有人曾依逻辑说“科学的假设并不是真实，是为方便而设的”。我们是要从假设的路上，走到真实，从他们日常生活的风俗中，去证明他们在古时曾有一个时候是实行母权制度的。

这一种理论是极有趣的，它须追溯到古代的游牧民族，畜养大批牲畜，他们的来源是蒙古人和沙陀人，现在还说一种蒙兀儿话，是蒙古语的一种方言。

土人的蒙古支派中的母权制度一定很早就移入甘肃了，大约在元明的时候；因为那时候，蒙古人已经实行父权制度了。至于什么时候沙陀那一支的社会制度进入甘肃，我们不能空说了。

为了要证明这理论，作者将利用种种材料，有的要在以后的著作中解释，也有在这书中已讲过的。

B　古代母权制度的存在

1　双重葬礼

在比较民族学中，双重葬礼是算作母权制度特具的要素。[1]土人几世纪来深受汉人的影响，直到今天，他们还实施下面所述的风俗：按着喇嘛仪式把死者焚烧后，他们把骨灰装在一个箱子里，然后再把它埋在山坡上；到清明那一天汉人扫墓时，他们又把箱子掘出来，正式的葬到氏族的坟地里。即使死在新坟地很近的地方，他们还是要这样办。在古时，土人普遍都是这样办的，现在已有许多地方不实行了。

2　母舅和他姊妹的家庭及外甥的关系

另一种组成母权制度的要素，就是在那种组织里母舅有他特殊的地位，似乎全家之权都在他手中一般。

①Anthropos 1930. p. 992. W. Koppers之“母权问题”。从比较人种学方面看来，某种母权崇拜之“二葬法”，好像是特有的。

a. 握有他外甥生死之权

土人中舅父对于他姊妹的儿女有很大的权柄，甚至握有他们生死之权。作者将叙述三件事实，在这些事实里，舅父主持家属的会议，并没有别种手续，也没有其他法律或审判手续，他决定把他姊妹的孩子活埋了。若没有得到舅父的同意，没有人敢这样做的；家里没有人敢负这个责任；连祖父都不敢……，虽则这是父权时代。这些事实都是很奇怪，执行死罪连土司都没有这种权柄的。

作者还看见过一种情形，有弟兄两个和他们的寡母同居，他们间接害死了她的兄弟。她的兄弟是一个极坏的人，他们把他打了一顿关在一间屋里，他就死了。他们要给舅舅一笔赔偿费，因为他是他姊妹的孩子们的骨肉的主人。可注意的就是即使父亲还活着，手续也是这样。

当姊妹的孩子自杀后，舅父也是一个主要的人物。

这是第三种事实：有一个少妇，因为丈夫太穷，没法养活她，撇弃了丈夫，又找了一个有钱的情人，过了两三年，又和他不对了，那妇人回了家，家人想把她送回以前的丈夫。她丈夫怕她为了一些小小的口角，竟吃鸦片自杀，毁败了他的家，找她的舅父作保，若是他妻子要自杀，和他家里是无干的。女家就开了一个会议，舅父痛痛的把甥女训斥了一顿之后，才依上述的意思写了一张合同。舅父一定要处理这事，而父亲却可以不管。作者在甘肃的汉人中曾见到一桩完全同样的事。

这三项事实足以证明舅父对于外甥操有他们生死之权。这些事是最近发生的事。每件事里，他们都不去控告他们的舅父，这是可以证明风俗是允许他有这种权力的。

在中国别处也是这样，母舅的权力很大；俗语说“舅父告外甥，养老子抗不下”，就是说，舅父如果到官厅里去告外甥，他的父亲没有法子可以替儿子辩护的。[1]在汉人中舅父有权惩罚外甥。

这些事实都很清楚地使我们看到，“舅父真是外甥儿女骨肉的主人”。

b.死者的埋葬须得母舅允许

依着我们以上所说的，土人中请舅父来参加他姊妹或外甥儿女的丧事，不是很自然的么？假使没有得到舅父的许可，是不能埋葬死者的。若是死得不十分明白时，并不是由死者一家来检验，为了要尊重舅父的权力，这一家就要请他来验尸，并很尊敬地请他允许他们

①史禄国：上引书，144页：若是母亲要告儿子，他的舅父可以出来阻挡，把外甥归他管……在这舅父的干涉中，我们可以看到一些满洲社会古代方式的遗留。古代方式是一种根基于母系原则上的组织，在这组织里母族自然是他族人的保护者了。很明显的这种保护者是由舅父出面。就是现在舅父……依旧管着外甥的道德（作者注：汉人中亦然）。所以他有时有帮助他外甥的责任。他同孩子们有特别的关系……孩子们特别爱他：在婚事上他帮忙，他也可以干涉有关他们教育的事。……154页：氏族组织，好像女酋长制，母舅的特殊权利和义务，母亲干涉女儿的权利，即使女儿是已经出嫁了，和其他种种，保存着女子和她亲属势力的痕迹，这痕迹指示着满洲人在古代有一种和现在不同的社会组织。

91页：在已婚夫妇活着的时候，妻子的母族是没有什么重要的，除了发生离婚的事，在这种事情发生时，母族关系的过虑是不敢轻视的。

埋尸或火焚。假使是用汉人的葬法，便给舅父一把斧头和一个钻子，让他来把棺材合上。汉人也是这样的。

c.结婚时舅父要出面

在上述的事实里，我们不是很可以见到土人中母族尤其是舅父在结婚时所占的重要地位么？在他姊妹家的宴会上，他作主席；他受到尊荣的大礼；他被请站在新姑娘的身旁，在主仪人演讲时，他被称为外甥儿女骨肉的主人；在男家，他也是最重要的客人，受到尊荣的礼物；如果祖父或老者缺席，他可以主持婚礼，发令使新人跪拜，并且为他们祝福；在喜筵散时，女家把男家的牲畜抢去后，是他代表女家来决定这件事，男家全家都跪在他面前；在男家宴会里主仪人演讲时，特别提到母族的重要："男子和女人一般需有一个母族，因为这样才可以断定他们的来源。"他们不大提起父族；第二次主仪人演讲时说，"男子的性质是由他的母族来的，就像女子由她的家属”，并没有提到父族。

3 母亲、媳妇、儿女和母族的重要关系

a. 对于孩子们结婚的反常干涉

在一个父权组织中，妇女不能有东西，她们算不了什么，甚至孩子都不属于她们。那么在婚姻礼节中，为母的作主盟能不说是母权组织的遗迹么？

实际上，在今日婚姻“似乎”还只是母亲的事。除了指腹为婚之外，我们已经看见正式向姑娘求婚是母亲的事。在请媒人前，只要得到母亲的允许，就有保证了，就是等四五年也没有关系。同样的，婚价商议之后，也是母亲一个人到女家去要求早些结婚，要求之后，才由媒人去定日期。在没有仪式的结婚中，亦是由母亲偕同媒人很简单的来找这穷姑娘。这些事是很有意义的，新姑娘最怕路远，这是她们要埋怨她们母亲的；这是他们可以对付她的最厉害的方法了。

若是我们考察关于年轻寡妇的实际风俗时，就可发现在一个父权组织中所有的反常现象，寡妇守了四十九天孝，回到娘家去住，直到再嫁。事实上，她纯粹是公婆所有的。更有反常的，就是再嫁时，媒人向婆婆说亲之前，先向女子的父母求婚，我们不记得，寡妇是由娘家再嫁而不是由婆家再嫁么？

同母亲说后，媒人才到寡妇的婆家去，先向她婆婆说，好像她比了其他家人对于媳妇是最负责任。最明显的，就是给婆婆的钱叫“开口钱”，因为若是她不开口，就是不答应，婚事就不成了。

b.母方的承继

若不承认古代有母权制度，就不知怎样来解释女子和祈祷竿结婚的一件事了。在这种情形下，未婚的母亲和已婚的妇人享受同样的权利，所生的孩子姓她的姓，承继她的氏族，和她兄弟所生的孩子平等。这是由母方来承继血统、财产的例子。这是在父权时期惟一继续存在的事实，而在父权时期女儿的孩子和他们的母亲都视作家外的人的，这是值得我们注意的。

c.承认和生人所生的孩子为家人

我们还可以看到一种母权制度的遗迹，就是一家能承认媳妇或寡妇和生人所生的孩子作家里人的事；partus seguitur ventrem：他们只认母亲。我们可以看到这是在一个过渡时期，这种情形越变越困难了。

d.媳妇时常回娘家和有把财物寄存在娘家的权利

还有一种反常的风俗就是允许媳妇常常回娘家，而且住得很长久，这有什么解释呢？这种风俗在一个父权组织中是不自然的，媳妇是属于男家的，她该把生命、时间和工作都给丈夫的氏族，这种风俗给人一种印象就是女儿在婚后可以常常继续住在自己家里而不住在男家。[1]并且她把她的好衣服、珠宝、手饰等宝贵东西，都寄存在母家。她们自己保存着财物，媳妇所藏的，不视作是丈夫的。这种风俗，在现在还承认女子有财产所有权，是不属于父权组织的；并且我们曾看见，在行婚礼时主仪人说古时妇女是有财产权的，她们可以在母家承继男子一半的财产。

e. 生女孩时的设筵

全村都有这种风俗，就是媳妇生第一个孩子时要大大的设筵请客；不论所生的孩子是男或是女，筵席是一样的郑重。在一个父权统治下，只是男孩才算后裔，生了女孩设筵一事是极端反常的。我们还应当注意的是在许多土人家庭中已经只有生了男孩才设筵。这种为女孩

①史禄国，上引书，90—91页：新婚后，新娘第二次回娘家，长住可以视作一种新婚的妻子住在女家的风俗的遗迹。而满洲人从不说“妻子父亲的氏族”而说“妻子母亲的氏族”。同时他们却说“丈夫的氏族”和“丈夫父亲的氏族”。所以要解释这些事实，不能不假定古代有一个母系氏族制度的存在。

设筵的事，在汉人脑子里是不能设想的。

f. 新姑娘家里的筵席

在父权统治下，新姑娘在她将出门的前一天，女家为自己家里人的设筵，这应当怎样解释呢？在结婚那天，在男家设筵，是很合父权制度的，女儿离别不能作为庆祝的题目，汉人中亦没有这种风俗的。这岂不是一种古代的风俗，等待女婿到自己家里来么？

4　入赘风俗的遗迹

前面我们已经叙述过入赘的几种不同的形式了。虽然有许多麻烦，但这种办法影响之大，使我们又回想到古代的母权制度。①

在古时，女婿住在妻家，视作妻家的一分子。我们

①作者只知道一个例子，一族是由一妇人管理的。她是卢土司的寡妇。这是一个孤独的、偶然的例子。作者没有见过它和以前曾在的母权制度有什么关系。

不是已看见女家有宴会或有丧事时，女婿不和客人一同吃饭的遗迹么？反之，就是在今天，他还是在厨房里和家人一同吃。宴会和丧事在他并不是一个享受的时节，而是一个有繁重工作的极不愉快的日子。

我们曾看见在满洲人中，女婿去亲迎时，到女家须拜他们的家神，然后叫他坐在炕下的一个小凳子上，在临走吃饭时，车夫可以坐在桌子上吃饭，而女婿却不当一个客人看待。

我们也应当把岳家要用武力保护权利时，好像有女儿自杀或被休时，女婿一定要出力一事，归在这一个系统里。

女婿用自己族里的称谓来称呼他的妻党，只加上gadin一字，意思是岳家，在他自己是很有意味的。

所有这些事实，整体来看，不但可以证明古代土人中曾有母权制度，而且它们显示一种幻影：就是在数目上在变异上，土人现在还是活在这制度之下。这是不然的。他们的社会经济无疑的是父权的。要解释这些事实，只有求之于母权制度里的礼仪和风俗，现在人们已经不再明白它们的意义了，只是因为他们祖先曾这样做的，他们还是继续着做。他们并不觉得以舅父为“外甥的骨肉之主”，埋葬时须先得他的允许，婚筵由他主席等有什么奇怪。祖父没有的权利，而舅父却有，这类事在他们认为很自然的，因为他们总是这样行事的。土人中读书的，学了孔子的礼法，但是并不考究这些问题，因为他们说土人的风俗和汉人是不同的，一切都是这样解释的。

现在土人中正是两种相背的制度同时存在，渐渐由一种社会组织向另一种社会组织转移的当儿。这也可以解释土人风俗很大的差异性，这种差异性详细一看是很明显的。

这种进化是很奇怪的。在不同的氏族里，它进行的速率是不同的，有人说它的进行是跳跃式的。在很平常的状态下，可以突然发生变动，极其激烈，结果也极其悲惨，作者可以据一些事实：中国政府给他们一个部落的酋长尊荣的官衔；一家有势力的汉人和有名的土人联谱；和汉人通婚；村长间的失和；一个不明白土人社会组织的汉官的胡判；在风俗不同地方定期的旅行；归信异教；回教徒革命等大变端，使他们人口减少，收其他汉人，西藏入族成为土人……等等。在这近代化中很少出现固定的、有规律的、可以先见的变动。

这一章关于母权制度推测是必需的，因为藉此可以明了在这书中所提到的大部分的礼节和风俗；作者希望它可以帮助我们得到一条思路可以明白本书的内容，即土人的婚姻。

附录

1 关于通古斯人婚俗的记载

当作者得到史禄国教授所著的《北通古斯人民的社会组织》（*Social Organization of the Northern Tungus*，商务印书馆，一九二九年）一书时，这本书已经快印完了。所以只能把那本书里的记载择要摘录，附于本书之末。

通古斯人民分南北二支，北支所操语言都认为同出一原始语言 Evenki；[①]南支所操语言有满洲，Goldi，Olča等方言。两支语言上的差别还不及印度欧罗巴语系中各支间差别为大。（见S.O.T. 51页）

通古斯人不论在言语上，在风俗上，都受蒙古化，只是在程度上有深浅罢了，特别是在北支为甚。这一点可以解释通古斯人没有独立语言的原因。（87页）

当蒙古文化深入北通古斯文化旧丛时，蒙古人和通古斯人的交往日繁，他们杂居共处并且混合了。自然的，蒙古民族的体质特性混入了北通古斯人中，使以前许多北部的部落原来的体质形态完全改变了……这种整个蒙古化的过程至今仍旧在进行中。（87页）

在古时，通古斯的社会组织是母权的，后来才变为父权的。关于婚姻的新风俗的名词，他们都是从别处借

---

①Evenki并非方言的名称，而是北通古斯人民自称的名字，依史氏原文，北通古斯一名词"我们将用以包括一切自称，或被其他通古斯族所称做evenki的人民；他们在近时曾用，现在还用的方言，互相有关系，可视作同出一种凡称为evenki者都能通晓的原始语言"。（S.O.T. 51页）作者谓"une langue mère I'Evenki"，似误。——译者注

来的：这些名词出于突厥蒙古语是一件确实的事实。（242页）

在我们的工作中，作者曾把亲属制度去和南通古斯（满洲）人相比较，又去和较为“蒙古化”的北通古斯人相比较；和土人所有的制度都有相同之处。

在第一段“婚姻的两造”里，我们说“北通古斯人和土人同样都是实行族外婚的规律的。”

上引书，210页：“在通古斯人中，氏族内部的通婚被视作乱伦，是禁止的，这就是说，一个男人不能和任何同氏族的女人结婚。外婚制是通古斯社会组织的背脊骨。……外婚制是通古斯人所有最古的制度中的一个。”虽则他们也有内婚的，在336页里有解释说是因为出于远方的移居，没有同种人可通婚：“有些部落里这种办法变成了一种风俗。”

女子的交换。220页：交换女子的办法仍旧是得到妻子的最好方式。

结婚，“倒亲”中表婚姻，等。212页：在一切部落中，中表婚姻总被认为是一种很好的结合……和父亲的姊妹的子女结婚是许可的，在满洲人中可以见到。214页：最好的婚姻方式就是一家的兄弟姊妹和另一家的兄弟姊妹交叉结婚。

两氏族间妇女的交换。212页：两氏族约定了有系统的交换妇女，在通古斯人中是很普通的。所以母族便供给妇女。

未婚夫妇的社会地位和土人不同。223页：在兴安通古斯人内，原则上并不和女儿商量的。即或她不同意，她也须嫁出去。

224页：做媒及婚姻并不是个人的私事而是氏族的事，婚姻中最重大的要素便是婚价（kalyuv）……姑娘也可以（在说媒时）出席，但是依风俗在讨论她的婚事时，她是不用出面的，她就是出席也没有人同她商量。

指腹为婚。219页：在满洲人及汉人中常有在孩子极小甚至未生出时便缔结婚约的。作者想这在汉人中是很普遍的。

未婚夫妇的年龄。219页：普通说通古斯人欢喜夫妇同年的，但在经济压力之下，有时为了要得到一个女工，他们把一个成年妇人嫁给一个小男孩。

结婚的条件。223页：做媒有三个方法：1）孩子还很小，并没有给他们商量，由亲属来决定；2）男女到了成人时期，和他们商量了，但像第一种情形一般，由亲属替他们决定；3）男女恋爱，做媒是由他们所发动：形式上还是由亲属决定。由掠夺促成的做媒和第三种情形也许有关系。

什么时候做媒呢？227页：依照各人的喜欢，任何年龄都可做媒。235页：有的人喜欢出生后不久或较晚些，220页：做媒及结婚有时一直延迟到青年成人时代。

同谁和如何做起？224页：除本家人外，做媒的对象并没有任何限制，……第一，去做媒的人先寒暄一番……然后他从自己口袋里拿出一瓶酒来倒给主人喝……没有酒是谈不上做媒的话的。227页：如果新娘的亲属不愿将女儿嫁出去，依风俗是他（或她）能靠讲价来延迟；婚价的磋商可以用五年才决定……在做媒时闹起来是很少的。

母亲的同意。224页：兴安通古斯中必须有母亲正式的同意。271页：在做媒，结婚，或关于其他家人社会活动的商议中，妇女都占重要的地位。她如果合理的与丈夫的意见相反，她可以把握磋商最终的关键。她可以不得丈夫的同意而做出决定。

媒人。239页：做媒人的最大任务就是在婚价的规定，在通古斯，满洲及Goldi人中，规矩是分两部交付，在Buriats中，有时分期交付也可以。婚价的内容及价值须依该部落的经济状况而定。225页：他们磋商的主体就是婚价……即新娘的价格……普通婚价包括家畜……鹿，马，猪，牛，羊……在通古斯人中，照例一部分婚价，在做媒时便交付了。227页：普通说来，通古斯人喜欢把做媒及结婚像交易一样看待，要设法赢得很高的价格。

婚前两造中有一造死了。227页：在结婚前若订婚的女孩或男孩死去了，该氏应再找一个女孩或男孩来代替死者。

婚价的交付。235页：婚价及附带礼物必须送过去……239页：婚价的交付是结婚中最重要的一部分……在驯鹿通古斯人中，就在女子到男家去的那一天送去，在游牧通古斯人，满洲人，及Goldi人中则有单独的仪式。227页：当婚价规定以后，媒人要预备一桌酒……负责规定的人坐在首位，这席有时延长至两三天，男家和女家的人都要庆贺。

结婚的年龄。227页：结婚普通总要延迟到十五岁，或再大些，有一定的规定，或没有……218页，女孩有时在还不能做真正的妻子时便结婚了……但在满洲的驯鹿通古斯人中……结婚在十八岁时举行。三十岁是最高的限度，这是我在几个部落中看到的。……也有些反常的例子，一直到四十岁……在另一些部落里……规定不能在十五岁以前结婚，普通都是在十八和二十岁之间……在结婚一直延迟到新娘成熟之后时，未婚夫……可以同她发生性的关系。

结婚日期的决定。230页：通古斯人并不像满洲人一般，辨别吉日凶日。

结婚的日期……规矩是在通古斯人不打猎的时候。

姑娘的陪嫁。228页：关于陪嫁的事是不许讨论的，为了氏族的体面起见，陪嫁的东西是愈丰富愈好。普通规矩陪嫁的东西算是女子私人的所有物，她可以随意支配，不受任何人的干涉。她如果离开夫族，陪嫁的东西也随着她带走，除非她犯了什么罪。陪嫁的东西可由她女儿承继。在所有的部落中，陪嫁的东西大约可分两部：驯鹿，马，牛……及新娘自己的衣服，新郎及其族人的衣服，一些现金，用具及壶类……

亲迎。240页：新娘的来临多由其族人护送。在满洲人中，她到男族来时由新郎陪伴……这是正式实践同意订婚的表示，在一切部落中都是如此。新娘的父母并不送女儿到男族去……在Goldi中，母与女同到男家去。

新娘的到达新家。240页：新娘进门一事……是仪式中最重要的一部分，因为当女子进入夫族时，在许多部族中，或由新妇本人献祭，例如在通古斯，（游牧通古斯除外）及Buriats，或由别人代替，例如在Goldi。游牧通古斯中，或如在满洲人中所记，他们有一种拜祭祖墓的复杂的仪式。

结婚。作者将总结结婚的仪式，A……Transbaikalia通古斯人，B……游牧通古斯人。

A……Transbaikalia的驯鹿通古斯人。230页：客人聚在预先规定好了的地方，分两伙，女家男家各一伙：

他们分别到聚餐的房里。在结婚那天以前，新郎可以到女家去拜访岳父母……在那里同未婚妻住一夜。这似乎指明有一种在妻家结婚的古代遗俗，就是说，古时女子是在她的母族结婚的。宴会开始时将婚价交到女家的帐幕里……讨论……附带的礼物。从女家帐幕里搬至男家的只有新娘陪嫁的东西和送给新郎及其家人的礼物。新郎立刻将送来的衣服换上。这个时候，女家的人便替新娘化妆以候婚礼。她们将她最好的三四件衣服一齐穿上。……新娘到夫家时，围绕夫家帐幕三圈之后，才进去……在吃茶点时，她献祭给夫族之祖先。在结婚时，新夫妇向客人行礼，他们吻新娘的手与口，媒人则连吻三次新娘的手。这时一个萨满或另一个人唱着歌，唱种种祝福新夫妇快乐的话。吃饭时，客人坐成一个圈，男坐一方，女坐另一方。……结婚对社会的重要性总是被演讲人加重的提出……筵席完了，跳舞一夜，吃喝三天……235页：结婚喜筵在男族及女族都要举行的。

B……游牧通古斯人的婚姻。236页：在结婚的前一天，新郎在他父亲帐幕范围地内，支搭一个毡制的帐幕……像普通的帐幕一样，在中间生一炉……在炉的周围有毛皮与地毡……从大清早起男族的人便坐在特意预备的帐幕里。……新郎是看不见的。……他在仪式里并没有任何活动，只是为别种事务所忙累，做饭并伺候客人。反过来，新妇在帐幕范围地外可以接触夫族的人，她也可以一直走进亲属的家或帐幕里。在新娘快来到时，有女族的两个人用车运来新娘的陪嫁品及送给男家的衣服。……男家的人在门口迎接他们……询问他们，假装不知道他们的姓名与住处……然后将他们和陪嫁品都带到为新娘特造的帐幕里……谈论并称赞新娘的东西。新娘脸上蒙着红绸，同族内两个妇人及两个男人都骑马来到帐幕外，许多男女都骑马在后面跟随……在路上他们喝茶……新娘拒绝喝……这些骑着马的男女都疯狂般地随了新娘跑，一直到他们在帐幕外预备下设筵的地方。在那里燃着很大的一堆火，……新娘距离这堆火很近……这些骑士们放弃了烤火之权而围着火堆疾驰……预备上了茶……新娘被领进男家的帐幕里，藏在一个羊皮的幔子后面。……在那里有人替她打扮，将她打扮成已婚妇人的装束。新妇与客人同到公婆的帐幕里……门却被人挡住了……争着说话……她把礼物送给他们，……进门后又将礼物交给公婆，向公婆与客人行礼，往火里扔东西。……新郎随后进来了，接住哈达即刻便走了出去。新妇被领到自己的帐幕里……别人将饭送到她那里……宴会及筵席设在帐幕圈外。

241页：在所有的部落中，若结婚的两造太穷，或是在正式结婚以前他们违犯了风俗，或两造中有一造是离过婚的或是鳏寡，那么结婚仪式可以简单些。简单化了的仪式却也不能缺少主要的仪式：譬如以献祭来象征新妇之到临及变为男家的人。

208页：在Transbaikalia的驯鹿通古斯人中，新妇并不须是处女，……但姑娘私自的性关系却是秘密的。一个处女怀了孕并不减低她的身价。在Udehe人中，一个处女怀了孕是催促她父母将她许与使她受孕的人。在满洲的驯鹿通古斯人中，处女怀孕是一件可耻的事，但很快便被人原谅了，因为在这些通古斯人中，过了一定的年龄，性交便被认为是一种自然现象。

寡妇的地位。266页：依照兄死娶嫂原则，小叔对她有一种权利。但在丈夫死后，如果她愿意嫁给别人也可以的。她假使改嫁到其他氏族中去，她的婚价自然要归前夫氏族所有。她若不愿意离开前夫的氏族，可以随意在那里居留。妇人不能继承丈夫，如果她没有离开夫族，并且有孩子，她可以支配这些财产，名义上为孩子们所有。

抢亲的遗迹。220页：掠夺的婚姻也有的。当父母的意思不能更改时，便有这事发生。这种举动依照通古斯人说是一种新的发明，由于受俄国的影响。……在

Barguzin及Nerchinks通古斯人中，掠夺算为一种凶暴的犯法举动。……并不能断定说在通古斯人中以前没有抢亲之事。在较远时期通古斯民族与古代亚洲Palaeasiatics民族有较密切的文化关系，是不成疑问的。在Gilaks及Koriaks中抢亲是结婚仪式中一个主要成分……在鲜卑民族中也早就有的。我们还不知道东胡是通古斯人，是蒙古人，还是古亚洲人，但无疑的他们是南通古斯人的近邻。

多妻制的存在。212页：……前妻死后，鳏夫可以娶前妻的姊妹。无论怎样，据我知道，通古斯人对多妻总表示轻视与厌恶的。多妻的人他们总不认为是好人。满洲人和通古斯人相同……214页：叔接嫂与媵妾的制度尚属普遍。Goldi人推广叔接嫂制度以至于父之妻，自己亲生的母亲除外，所以子可承继父妻使之成为自己的妻。通古斯人中亦有Goldi人的这种风俗是很可能的。

272页：在母亲尚活时节育、堕胎与杀婴在通古斯人中是没有的。

212页：一夫一妻与一夫多妻。事实上，第一种型式最普遍，第二种则极少。一夫多妻除非在第一妻无子，或已到相当年龄不能再生育的情形下，不会发生。由我观察所及，多妻的不能超过百分之一。有时还禁止一人与姊妹两人结婚。

212页：两妻以姊妹相称，所生孩子称两妻都是“母”。266页：女人叫丈夫不叫夫之名，而叫我儿子的父亲。夫叫妻也是一样。

赘婿。239页：在很多部落中以劳作来换取妻子，劳作可以算做婚价。219页：新郎若无力出婚价，他们可以商议以劳作来代替。男子为了要娶他的未婚妻替岳父母或她的其他亲属劳作，当期满后他们便可结婚。在满洲人，Udehe，特别是在Buriats及Goldi人中以劳作换取的婚姻已经很少见了。240页：以劳作换来的婚姻的形式是多种多样的。满洲及Buriats人中禁止这种婚姻，但北通古斯人并不禁止。

离婚。222页：在通古斯中，离婚非常少见。有三种情形下可以离婚：女人愿意离婚，男人愿意，两方都愿意。三种情形都须由全族会议或两族会议来决定。在满洲人及通古斯人中，离婚一事须由夫族的人及夫妇各打手印，方才有效。……209页：行为不端很少会引起离婚。在通古斯人中，女子与他人通奸，按照普通规矩，她要被非议，并给予丈夫向她提出离婚的权利。有些通古斯部落，例如在Goldi及Udehe人中，丈夫有权利将妻与奸夫一同杀死。在纪元前六世纪时住在满洲地方的Maki人中，也有这种风俗……267页：妻可以请求己族援助……女族决不会拒绝她的。女子若死了，女族要替她复仇……一代一代下去。

208页：如果违犯了关于性的风俗，便要被众人看做“坏男人或坏女人”，这并不只是一种被人非议的行为，而当这种行动变成习惯时，氏族会议对这种人常会做出各种严厉的决定（包括死刑）。……在满洲风俗中，犯者须要自杀，譬如公公若是犯者，他可以被儿子及儿媳所击死。……209页：在所有的部落中，特殊情形之下，丈夫可以公开妻子的不正当行为，她如果继续不改，他可以加以警告……甚至打她……209页：通古斯人有一个特别的字“dorokto”，就是同别人的妻睡觉，也许是从“doro”（偷）中变化出来的。

娼妓。271页：在我研究通古斯部落时，我并没有关于娼妓制度的记载……272页：像在Udehe人中所记载的娼妓及卖妻的事，在通古斯人中是没有的。

母权制度。242页：通古斯人所用的名词很多是从蒙古人及其他民族中借来的，并且有许多风俗亦是直接从这些来源借来的。早期的通古斯人和满洲人曾有母系制度是很明显的。各种风俗，如婚价、陪嫁品、新娘的迎娶和她的收认入夫族等在母系制度中是完全没有用的。这些婚俗的要素是和它们的名词一同由别族借来的。在通古斯人采用父系制度后所用的许多亲属称谓可以溯源于突厥蒙古语一事是无可置疑的。243页：我们分析的结果可以说是在某一时期，母系制度曾是一种传播极广的民族学现象，为许多民族所采取，和现在亚洲各族采用父系制度相似。

2 关于彝族婚俗的记载

这些记载是从“Au Yun-naus. Les Lo-lo-P'o, par le R.P. Alfr. Lietard, Bibliothèque de monographies ethnologiques Anthropos 1913……”内择录出来的。当我的著作快印完时，才看见这本书。

我们很惊讶的看见土人的许多母权风俗与彝人的非常相似，特别是婚姻各方面普通的步骤。很不幸本书的记载还不够作深一层的研究。这些记载以及关于苗人的记载，可以使我们注意到中国西南民族问题，不只是中国的文化问题，也是突厥蒙古的民族问题。

上引书，155页以下：男子的父母若看上了一个女子，父亲便到女子的父亲那里去商榷。女父的回话如果很好，他们便去请一个媒人来。媒人自己必须有很多的孩子。他们预备酒肉款待媒人，在吃饭时请他到某人家去说某个女子。他们并送给他两磅肉两瓶酒为晚餐之用。他答应次日到男家来回话。他们又预备酒席，称为“饮允准酒”。他过六个月后再去，第二次请酒称为“饮商榷结束酒”。媒人又重被约去吃酒，饭后他到女家去，他带着一只母羊，一磅盐和二十瓶酒。在那里他们将羊杀去做席，席上就商量婚姻的一切情形。饭后媒人回到男家报告一切商榷的条件，普通总是六两或七两银子，几双花鞋或一条头巾。男家若是富裕的，他们普通所要的是：几副银手镯，几个戒指和几对耳环。及在结婚的前两月，媒人便将结婚仪式都规定好。他到男家吃过饭便到女家去请吉期。他带一匹布，一扎做活用的线及两瓶酒去。婚期前晚男家请一个友人带一只重二十磅的母羊到女家去。次日一清早媒人便收到两瓶酒，两只羊头的报酬，他将六七两银及鞋送到女家。新郎同着媒人到女家去，问岳父母行礼，谢谢他们把女儿送给他。姑娘躲在厨下，她不可以见新郎的。女家便预备筵席。席设在院里的帐棚下。他们唱曲，许多旧事都被他们唱出来了。彝族所唱的很可以拿来与土人在装饰新娘时所唱的比较。唱词里有下面的话："你们往女儿头上戴些什么？你们女儿头上蒙着布。往她耳朵上放什么？……往她身上穿什么？……姑娘要到哪里去？要到灶神那里去。她什么时候要拜三拜？见了公婆的时候。"他们正唱得热闹的时候，新郎由他的亲属陪伴回到自己家里去了。

媒人请女家父母都出席男家的结婚典礼。女家的父母及亲属都带着被褥到男家去过夜。新娘的姐姐，若没有姐姐便找一位年长的亲属，搀着新娘的肩，所有的人都跟着媒人走。媒人先到男家去，宣布新娘及女家的人已经到了，并找些男人去替他们拿被褥。媒人同着几个男人再出去。他点着火把，他的妻子分给大家烟吃，大家就抽烟。大队人都站在路上，眼睛盯着新娘。他们给帮他们拿行李的人十六，或三十六，或六十六文制钱。姑娘如果已长大，他们不用扶着她的肩，除了在离别的那刻。新娘的姊妹把她搀到院子当中以后，便立刻到厨房门口，在那里她去掉了蒙头布。然后她们进到厨房里，跪拜灶神。她们在厨房里站着，等待别人都进来。他们就在那里吃饭。这时候媒人把新娘送给公婆的礼物拿出来。酒席预备好了，他们便入座。

饭后他们歌舞。新娘也出去像别人和像新郎一样的舞蹈。新娘在夫家住两天或四天由她姐姐陪伴。过了这个期限，新夫妇仍由姐姐陪着到娘家去住三四天，然后两人再一同回到婆家。

161页：彝族常当孩子在十岁或十二岁时甚至更早在四岁或六岁时，便替他完婚。有时甚至女子晚上要回自己娘家过夜的。直到十六岁时她才回来。若说女子回来为要同她丈夫发生关系这是很少有的，百分九十八都是不喜欢丈夫而另找了爱人。女子回到夫家，每夜爱人来找她过夜而丈夫则去找别的女人过夜。我们要注意，女子可以和丈夫一同工作一同吃饭，但却不愿同他发生关系。

在大多数云南彝族中，除土司外没有人实行多妻制，如果所娶的妻不生孩子，有时可商得她同意再讨第二妻，不过这是很少的。

结论　婚姻的主要礼节

研究了土人的婚姻之后，很自然的要问，婚姻的主要礼节是什么呢?

我们所论述的土人是真正蒙古人和蒙古化的沙陀人的混合体，所以要解决这问题，一定得把土人的婚姻风俗和蒙古人及其他蒙古化的人民的风俗相比；还要观察邻近人民的文化，在过去，在现在，所给风俗的变化及影响。这样，我们才能希望在各种人民婚姻中，从最神圣的到最简单的礼仪中去发现一种所共有的风俗。

为了容易明白土人的婚俗，我们曾把蒙古人[1]、南北通古斯人的风俗列入注中，这样我们可看见蒙古化的程度。

若我们单看土人的婚俗，不去和其他民族的风俗相比较，在婚姻最严重的刹那有一种特别令人注意的礼节。这礼节就是在两家客人大众之前肃静中新婚夫妇互相交拜，向天地、众神、父母以及许多客人行三次跪拜礼，这时由赞礼大声唱礼，新婚夫妇就行礼。大家听着，并都向他们注视。礼毕，他们把新娘的面巾揭去，

---

①蒙古问题是很复杂的，好像史禄国教授所说的：(Anthropos，1931，p.221，New Contribution to the Problem of the Origin of the Chinese Culture)。"关于早期的蒙古人，尤其是关于他们的祖先和古代亚细亚人的关系，我们还是不很清楚。其实在蒙古人中，我们可以看到各种体质型，尤其是A型，和很多的B型，B型在古代亚细亚人中占大多数……此外还有许多理由，使作者觉得在论蒙古人的渊源及其形成和蒙古文化时，不能轻视古代亚细亚人的要素……"所以我们重视Dr.Herbert König的著作，Das Eherecht der Polarvölker.

Deniker(Les races et les peuples de la terre，1926，p. 464)认为蒙古人中有三大类：A)西方蒙古人或Kalmouk，B)东方蒙古人，C)Buriates。

A. Mostaert. The Mongols of Kan-su and their Language，Bulletin of the Catholic University of Peking，Dec. 1931. p.1，2，3，……在其书目中叙述蒙古语言问题的意义和现状。

把他们领到新房里，这样结束了这件大事……土人婚礼中有没有别个严重的刹那，还是一个问题。

在土人各种婚姻中，在穷女孩没有仪式的婚姻中，在寡妇的婚姻中，在变态的和祈祷竿和腰带结婚中，都可见的礼节，是新夫妇拜天地和众神。旁的礼节可以没有，这一节是不能少的。这使人觉得在土人看来这礼节是最重要了。

这礼节在其他民族中也可以见到么？在蒙古人中我们可以遇见一种景象有些和在土人所见的相像：但是他们那里并不见新郎和新妇交拜。事实上，只是把新娘介绍给她公公，使她和丈夫的父母和朋友相结合：他们念着祷词，新娘向火，向父母，向丈夫的父母跪拜，他们都高声祝福。

在北通古斯人中，尤其是住在Transbaikalie的人，新夫妇一同向绕着火坐的客人行礼，他们就吻新娘的手和嘴……萨满为他们祈祷。（见161页，作者表明这是受俄国的影响。）

在北通古斯游牧的人中，新娘只介绍给公公，她向他及族长跪拜，其余的人把献祭的东西扔到火里去……

在南通古斯人中，尤其是满洲人中，新夫妇一进男家的门就向天地及祖先跪拜三次。（见73页）

在苗人中，只是新郎要向两家的父母行礼，有一个老年人向他列述他以后在族中应负的责任。（见86页）

在彝族中，只是新娘向灶头和灶神行礼。（见171页）

所以我们可以证明只有在土人和满洲人中，可以见到向众神行礼等等，“使新夫妇交泰和气”：在满洲人中举行这仪式远不如土人中的严重。

在以上所列述的各种人民中，这两种人是最受汉化的，而在汉人中我们却见到这种夫妇交拜、拜天地和众神的风俗。这可使我们认为这是一种汉人的风俗，为土人及满洲人所接受的，土人们很愿意把它加在蒙古传来的仪式中；简单一些来说，至少在土人中，这从邻族借来的礼节实际上成了他们婚姻中最严重的一节，因为这礼节是很合于他们脾胃和宗教的。但是我们不要蒙蔽了。基础是蒙古的，汉人的风俗是偶然传入的；新郎和新娘站在一起是他们仪式中本来就有的。

当然，婚礼中两造没有交接的仪式，或至少，两造不一同出席的婚姻我们是不容易了解的，土人和满洲的风俗并不如此。

对这些人民说来，哪一时刻是婚礼中最重要的呢？

依作者看来，是把新娘介绍给公婆、丈夫的族人和全体客人的那一刻，因为都向他们行礼，表示敬意。在蒙古人中他们念祷词，赞礼讲话，向大家祝福（见73页）；在Transbaikalie的通古斯人，“萨满为他们祈祷”（见161页）；在苗人里“新郎行礼，老年人向他列述他以后在族中应负的责任”。（见86页）

“念祷词和向大家祝福”，“萨满的祈祷”和“老年人的列述”对于我们是极感兴趣的；因为作者认为这就是这刹那亦只有这刹那，婚礼的真正意义在祈祷中表白了，他们所要求所希望都在祝福中说明了。谁去实行这祷词呢？这里所用的祷词和土人在相同的情形中所用的言词是极相似的，作者并且敢于设想在婚礼中这一刹那，是土人的全民族中印象最深刻、意义最重大的时刻。

作者愿意坚持这种仪式是最重要的，我们材料还不够详细，它时常在婚姻的关系中被忽略了。

要是有人轻视这一仪式，这些民族里的婚礼就完全彻底失去了它的意义了。这种婚礼就降为简单的由男方购买一个家庭的新成员，降为对姑娘的价格的商讨，降为对所购物价格的付款，降为“商品”所有者的交货：并要接纳姑娘进入男家的氏族，以及由她对家庭灶神提供祭品；完成这一切活动之后是举行一顿晚餐和一场娱乐活动。

但是一切活动的最后，要问一问为什么要为娶一个姑娘化钱？为什么家庭里要接纳一个新成员？为什么在这些民族里婚礼认为是一生中的一件大事？对这一切他们理解得相当好。我的假设是：他们所理解在这些活动的意义正如土人在作礼仪性的祷词和祝福时所表达的那样。他们表明了他们盼望去实现祝愿的人所说出的那些祝愿，这一切正就是在这对新人磕头的时刻所表示出来的。

这就是作者为什么把这仪式看做是这些民族婚礼中的主要仪式。

* * *

在这一项研究中，作者所介绍的这些罕见的资料，充分证明了土人的文化还远不是完全同一性质的，而且证明在这里我们正处在不同种类的文化因素面前。

在研究甘肃这一个民族的历史、它的社会环境、它附近的民族、它的社会的政治的和宗教的生活之后，我们将能更好地理解它的文化的复杂性以及我们从这里见到的这些文化因素的来源。

土人，几百年以来彻底和他们同族的其他各群人分离，被禁锢在甘肃这一个角落里，被一些和他不同类文化的民族所包围，因而使他们本身也完全改变了他们来此定居后的生活方式。我们在这里介绍了一个相当复杂的问题。对有关这问题的资料作出解答之前应当很好地加以认识。

因此，为了将来，我们首先要对结论作出保留。首先，我们将力求在同样忠实而又尽可能全面的情况下提供一切人类学和历史方面的资料。